GW01607037

Et si c'était toi ?

Et si c'était toi ?

AUDREY HAMOUCHI

2023

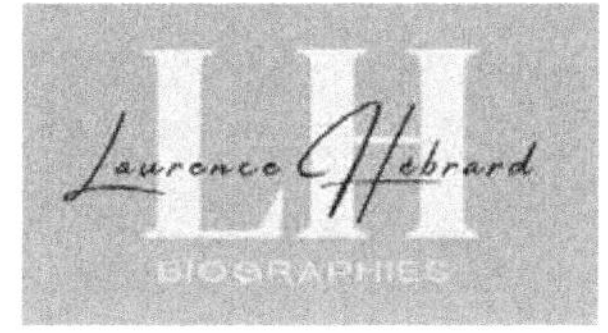

ISBN : 978-2-38537-006-0

Dépôt légal 2023

Sommaire

Chapitre 1 | **Enfance préservée** 11

Chapitre 2 | **La guerre en héritage** 27

Chapitre 3 | **Le sport, mon exutoire** 39

Chapitre 4 | **Période ingrate** 47

Chapitre 5 | **Adolescents en crise** 65

Chapitre 6 | **Maman courage** 83

Chapitre 7 | **Deux vies parallèles** 91

Chapitre 8 | **Le choix de ma mère** 103

Chapitre 9 | **Mon père, ce héros complexe** . 113

Chapitre 10 | **Ma vie commence enfin !** 121

Chapitre 11 | **Grandir d'un coup** 129

Chapitre 12 | **Paris, ma liberté** 141

Chapitre 13 | **La fin du service** 157

Chapitre 14 | **Ma rencontre avec F.** 165

Chapitre 15 | **Nouveaux défis** 179

Chapitre 16 | **Famille éclatée** 201

Chapitre 17 | **Tout pour le travail** 213

Chapitre 18 | **Quand le bateau coule**............221

Chapitre 19 | **La maternité, un choc**............235

Chapitre 20 | **À la croisée des chemins**.......269

Chapitre 21 | **Vertige de l'amour**..................295

Chapitre 22 | **Inévitable séparation**.............319

Chapitre 23 | **L'annonce à la famille**............341

Chapitre 24 | **Une femme avec une femme**... 363

Chapitre 25 | **Nouveau chapitre**...................375

Chapitre 1

Enfance préservée

Chapitre un

Enfance préservée

D'après les souvenirs de ma mère, j'étais une enfant joviale et joyeuse. Une petite fille rayonnante aux cheveux courts et bouclés. La joie de vivre émanait de mon visage. Tout le monde me trouvait très mignonne et gentille. On aurait presque cru une petite fille modèle. J'ai grandi entourée de l'amour de ma mère et de mes grands-parents maternels. Leur présence dans ma vie a eu une importance indescriptible. J'ai eu l'immense chance de recevoir beaucoup d'amour de leur part. La force de l'amour que l'on reçoit lorsqu'on est enfant sert de fondation pour toute notre vie. Sans ces bases-là, je ne sais pas si j'aurais pu surmonter les différentes épreuves qui ont jalonné ma vie d'adolescente et d'adulte.

Quand j'étais enfant, j'admirais la beauté de ma mère, une femme ravissante et toujours souriante. Sa gentillesse n'avait d'égale que la douceur de ses traits. Mais elle n'était pas seulement calme et douce. Elle était aussi, et elle est toujours, forte et très courageuse. Elle a dû faire face à de nombreux tourments dans sa vie de femme et de mère. Je crois avoir hérité d'elle son opiniâtreté et sa détermination. Ma mère a grandi dans une famille aimante, entourée de ses parents et de son grand frère, un homme exceptionnel, qui n'a pas eu d'enfant de son côté, mais qui a été un oncle fabuleux pour moi.

Elle disait souvent qu'elle avait voulu avoir des enfants très tôt dans sa vie de jeune femme. Mes parents sont tombés amoureux très jeunes. Ils formaient vraiment un beau couple. De ces couples que les gens envient parce qu'ils sont jeunes et beaux et qu'ils ont toute la vie devant eux. Elle sortait à peine de l'adolescence lorsqu'elle a rencontré mon père. Elle avait 18 ans et elle croyait au grand amour, comme toutes les jeunes filles de cet âge et de cette génération. De leur idylle amoureuse est très vite née leur premier enfant. En 1988, à l'âge de 19 ans, ma mère a donné naissance à ma grande sœur Tia. Je suis arrivée dans leur vie trois ans plus tard, le 26 avril 1991. Et encore trois ans après, à 25 ans, elle a donné naissance à mon petit frère Yoan.

Sa vie d'adulte commençait à peine et elle avait déjà trois enfants à charge. C'était sa plus belle réussite et le rôle le plus difficile qu'elle allait devoir endosser.

De ma naissance à mes trois ans, nous avons vécu en appartement dans un quartier HLM de Clermont-Ferrand. C'était un quartier assez mal fréquenté. Les barres d'immeuble ressemblaient à n'importe quel autre ensemble de logements sociaux. Je n'en ai pas vraiment de souvenirs mais je sais que mes parents ne s'y sentaient pas à l'aise. Ils ne voulaient pas nous offrir cet environnement pour nos plus jeunes années.

L'enfance est un temps sacré qu'ils voulaient préserver de tout danger, de toute difficulté. Mon père a donc tout fait pour que nous puissions grandir différemment de lui qui avait toujours vécu en appartement. Il voulait offrir mieux à sa famille. Il travaillait en partie pour cela. C'était sa contribution à notre bon développement. En 1994, il a décidé de faire construire une maison près de Clermont-Ferrand. Il tenait à ce que nous ayons chacun notre chambre, un espace privé dans lequel nous pourrions évoluer chacun à notre rythme. Nous avons eu de la chance de bénéficier de ces endroits d'intimité. Ce n'est pas le cas de tous les enfants, loin de là. Le grand luxe pour nous c'était le très beau jardin dans lequel nous avons passé des heures et des heures à jouer. Nous n'avions pas besoin de beaucoup de jouets pour nous amuser. Offrez la nature à des enfants, ils seront les plus heureux du monde. Je lui suis reconnaissante de nous avoir permis de vivre cette enfance-là, c'est évident.

Jusqu'à l'âge de 10 ans, j'étais très complice avec ma sœur et mon frère. Avec Tia, on adorait s'occuper de Yoan, c'était notre petit poupon. On adorait le taquiner et jouer les grandes sœurs un peu envahissantes. Cela l'énervait et bien-sûr plus il nous demandait de le laisser tranquille, plus on continuait à l'embêter. Devant la maison, on s'amusait à faire la course sur des petites échasses. On posait nos pieds sur les plots et on tirait les ficelles avec les mains. Combien de fois on s'est cassé la figure avec ce jeu ! On s'entraînait à faire des rollers dans le chemin. On s'échangeait les ballons sauteurs et les cordes à sauter. La vie était simple et agréable. Elle s'écoulait lentement, dans un temps préservé de tous les problèmes qui ne tarderont pas à arriver avec l'adolescence.

Mon enfance reste un moment de ma vie assez flou. J'ai du mal à m'en souvenir précisément mais je garde ces jeux-là précieusement dans ma mémoire. Comme des petits trésors du passé bien au chaud dans une boîte. J'y reviens grâce aux photos. Je les regarde avec tendresse, pas avec nostalgie. Je me replonge dans ces instants joyeux, je regarde nos visages ronds et souriants, nos sourires édentés et je me dis que nous avons vécu de bons moments dans nos jeunes années. Mes grands-parents maternels étaient très présents pour nous. Comme je parlais tout le temps et que je ne m'arrêtais jamais de poser des questions, ils m'appelaient RADIO-GERZAT.

Tous les matins, notre maman nous accompagnait à l'école. On marchait tous les quatre sur le chemin de la petite école communale située à cinq minutes à pied derrière chez nous et je me sentais bien. De mes années de primaire, je n'ai presque aucun souvenir. Dans mon cœur pourtant, je garde mes deux meilleures amies d'enfance : Pauline et Annabelle. Nous déjeunions à la cantine et quand la fin de l'écolc sonnait, ma mère revenait nous chercher et nous reprenions le chemin de la maison tous les quatre. Les jours se suivaient simplement dans une forme de routine réconfortante et sécurisante. L'école, la maison, ma maman, ma sœur, mon frère et mes deux meilleures amies. Voilà à quoi mon monde se résumait pendant ces années-là.

Le soir, les repas alternent très souvent entre les raviolis en boîte et les petits-déjeuner improvisés. C'était un peu la fête et j'en garde de très bons souvenirs.

— Allez, venez manger, les enfants, nous appelait ma mère.

— Ouais, trop cool, des tartines avec du chocolat en poudre. Merci maman, répondait-on dans une explosion de joie enfantine.

Seule à la maison avec trois enfants en bas-âge, ma mère faisait surtout de son mieux pour nous élever correctement, pour que nous ayons toujours à manger. Nous ne nous rendions pas compte que manger des tartines de chocolat le soir n'était pas spécialement adapté. Nous étions juste heureux de pouvoir manger ce qui nous plaisait. En revanche, depuis que je suis adulte, je n'ai plus jamais mangé un seul ravioli industriel.

Le travail de mon père nous a permis de nous épanouir dans de bonnes conditions. C'était sa contribution à la vie de famille, malgré son absence régulière à cause des missions en OPEX qu'il devait réaliser. Puisqu'il était très souvent en mission à l'extérieur ou au régiment, je n'ai pas pu créer beaucoup de liens ni une grande complicité avec lui. Pourtant, j'ai le sentiment d'avoir toujours été sa préférée, sa petite chouchoute.

— Maman, pourquoi Papa il est jamais avec nous ? demandai-je naïvement.

— Tu sais, ma chérie, papa travaille beaucoup. Il est à l'étranger pour servir son pays.

— C'est quoi l'étranger ?

— C'est d'autres pays, ma chérie. Il travaille dans d'autres pays pour essayer d'aider à maintenir la paix, tu comprends. Papa est un soldat.

— Maintenir la paix, ça veut dire quoi maman ?

— Cela veut dire qu'il essaye d'arrêter les guerres. Il essaye de créer un monde meilleur.

— Ah d'accord. C'est beaucoup de travail alors, c'est pour ça qu'il n'est jamais là. Je comprends mieux.

— Voilà. Allez, finis tes raviolis ma chérie.

Chapitre 2

La guerre en héritage

Chapitre deux

La guerre en héritage

—

Personne dans mon entourage ne sait que je suis une petite fille de harki. Ma génération est encore marquée par l'histoire des harkis et par les préjugés véhiculés par leur rôle durant la guerre d'Algérie. Les harkis ont vécu avec le poids de la culpabilité, avec l'image de traître à leur pays. Mon grand-père a fait partie de ces soldats utilisés et maltraités pour combattre le FLN. Mais lorsqu'il est arrivé en France, il n'a pas été bien accueilli non plus.

L'histoire des harkis est complexe. La plupart du temps, ils n'avaient pas le choix de s'enrôler dans l'Armée française. C'était une façon de gagner la protection pour ne pas être exécuté car ils risquent leur vie d'un côté comme de l'autre. Ils étaient parfois capturés et torturés par l'Armée française afin de les forcer à s'engager dans leur rang. C'était une main-d'œuvre militaire sous payée et assez docile.

Cette histoire a toujours été un tabou dans la famille. On n'en parlait jamais. Quand j'étais adolescente, j'avais des amies algériennes et on n'en parlait pas non plus ensemble. Aujourd'hui, mon petit frère, qui s'est converti à l'islam, veut voyager en Algérie. Il a du mal à comprendre que cette situation peut être dangereuse pour lui là-bas. Être petit-fils de harki encore aujourd'hui en Algérie ce n'est pas très bien vu. J'ai surtout peur pour lui. Mais il mène sa vie comme il l'entend, je ne peux pas le protéger de tout.

Mon père est né en France le 10 août

1966. Ses parents étaient originaires de Tizi Ouzou en Kabylie mais ils avaient été transférés de camps en camps suite à la guerre d'Algérie (1954-1962). Il est le cinquième enfant de la fratrie. Lorsqu'il est né, l'infirmière s'est adressée à ma grand-mère avec enthousiasme :

— Félicitations, madame. C'est un beau bébé ! Il aura un beau nom français, n'est-ce-pas ?

— Euh, non. Je pensais lui donner un prénom kabyle.

— Ah non, non, madame. Vous vivez en France. Votre fils est né en France. Si vous voulez le meilleur pour lui, il vaut mieux lui choisir un prénom français. Il réussira mieux dans la vie.

— Ah, d'accord. Alors peut-être Jean-Paul ?

— Parfait ! Jean-Paul c'est très bien.

— Oui, pour Saint-Jean et Saint-Paul, deux apôtres du Christ.

En arrivant en France, ma grand-mère avait déjà dû changer de prénom également. Hadjila est devenue Angéla. Pendant de nombreuses années, elle nous a fait croire que son mari, mon grand-père, était mort. En réalité, il était alcoolique et vivait dans la rue, comme un marginal. C'est seulement lorsqu'il est vraiment décédé que nous avons appris la vérité. C'est une femme assez acariâtre, très peu empathique et médisante. Elle passe son temps à dire du mal de ma mère, et parfois même de mon père. Aujourd'hui, elle se plaint de ne pas avoir assez de visites de notre part. Ce n'est pas faute d'avoir essayé de créer du lien avec elle. Je voulais vraiment être gentille, ne serait-ce que pour faire plaisir à mon père. Mais, elle ne m'offre qu'un air sournois, des regards inquisiteurs et froids.

Mon père a été élevé sans amour, sans cadre et surtout sans père. Il devait aider sa mère à gérer la maison, l'administratif, la vie quotidienne. Son enfance est loin d'avoir été heureuse. Il a dû apprendre à grandir vite, et à se débrouiller seul très tôt. En fait, il devait se substituer à son père. C'est exactement le chemin qu'il a suivi en intégrant l'armée à 18 ans, comme son père avant lui. Il n'a reçu aucune forme d'attention ou de tendresse. Cet amour qu'il n'a pas eu enfant, il n'a ensuite pas été capable de nous le transmettre. C'est difficile de donner ce qu'on n'a pas reçu soi-même. C'est quelqu'un de très rigide. Il ne sait pas montrer des preuves d'amour.

Il n'a jamais aucun geste d'affection. C'est ainsi qu'il s'est toujours comporté avec nous. Car c'est ainsi qu'il avait été lui-même élevé. Ce n'est pas du tout naturel pour lui, de dire des mots gentils. Je ne l'ai jamais vu avoir un geste tendre pour ma mère. J'essaye souvent de le comprendre et donc de le pardonner pour tout ce qu'il ne nous a pas donné.

Quand il a intégré l'armée, mon père a trouvé une famille de substitution. C'est devenu sa vraie famille, celle qui a été là pour lui, qui lui a donné un cadre et des valeurs. Il est entré en service en février 1985 et il a pris sa retraite en février

2007. En 22 ans de carrière, il a cumulé neuf OPEX (Opération Extérieure) de six mois en moyenne. Il a servi pendant sept mois au Liban, puis deux fois au Kosovo, deux fois à Sarajevo, en Bosnie. Il a également été envoyé en République Centre Afrique, au Tchad, deux fois en Côte d'Ivoire, puis à Kaboul, en Afghanistan. Ces terrains d'opérations sont parmi les plus durs dans la carrière d'un militaire. Il en revenait à chaque un peu plus sombre et déprimé. Il se réfugia dans l'alcool et la violence. Cela devenait insupportable pour tout le monde.

Aujourd'hui, sa plus grande fierté personnelle c'est la plaque à son nom au musée du Régiment à Clermont-Ferrand. Pour lui, c'est la reconnaissance de tout son travail et de son sacrifice pour la France durant ses années de service.

Chapitre 3

Le sport, mon exutoire

Chapitre trois

Le sport, mon exutoire

—

À 5 ans, ma mère m'a inscrite à mon premier cours de danse classique. Puisque j'adorais danser et surtout porter des costumes pour les représentations, elle s'était dit que ce serait une activité idéale pour moi. Sauf que j'ai passé mon temps à faire le pitre. J'étais la clown de service, celle qui faisait rire les autres danseuses. Dès que Monique, le professeur de danse, avait le dos tourné, je dansais n'importe comment pour amuser les autres. Je ne tenais pas en place. Heureusement, quand il le fallait, je savais aussi être rigoureuse. La danse m'a appris la discipline, la concentration et l'exigence. Mais ce que j'aimais par-dessus tout, c'était la légèreté que cela me procurait de danser. En plus du classique, j'ai aussi fait du twirling bâton et du rock and roll.

À l'adolescence, vers 14 ans, les cours de danse devenaient trop onéreux pour ma mère. J'ai compris que je devrais arrêter et c'était un vrai crève-cœur. Mais grâce à l'arrêt de la danse, j'ai découvert le taekwondo. J'ai immédiatement aimé cet art martial. C'était à la fois physique et mental, je travaillais l'équilibre et la souplesse ainsi que ma mémoire grâce à des mouvements de jambes et des enchaînements de coups rapides. J'ai gagné en assurance lors des compétitions et par la même occasion j'ai pu évacuer les tensions du corps et de l'esprit. Rien de tel quand on vit des moments difficiles comme nous vivions à la maison pendant mon adolescence. Le taekwondo était comme un refuge, mon moment à moi, loin des problèmes. Le seul inconvénient dans cette nouvelle discipline c'était que ma mère avait peur qu'on se fasse mal alors elle ne venait jamais voir nos compétitions. Elle nous déposait devant la salle, et venait nous récupérer. Nous étions souvent couverts de bleu avec mon frère car nous pouvions aussi nous battre ensemble. Ma mère n'osait même plus regarder nos marques. "Mon dieu mais comment vous vous êtes fait ça encore?" nous demandait-elle en nous voyant monter dans la voiture tout amochés. Nous on rigolait. Cela nous amusait. C'était le seul moment, à travers nos protections, où l'on pouvait se donner des coups et évacuer le stress accumulé à la maison. En réalité, j'étais très souvent placée en compétition contre mon frère. Évidemment, je voulais toujours gagner, j'avais énormément de fierté. Un jour, il a voulu arrêter le taekwondo et ma mère l'a désinscrit. Moi, j'ai continué. Je n'aurais raté les entraînements pour rien au monde. Avec les années, j'ai gagné en confiance et en assurance. J'avais sans cesse besoin de combattre. Je participais à des championnats régionaux puis nationaux. J'étais fière de montrer les bleus avec lesquelles je rentrais le soir. Ma mère avait bien compris mon besoin de me défouler et de me dépasser dans ce sport. “Je te préviens, pas de taekwondo si tu me ramènes des notes en dessous de la moyenne.” me dit-elle pour me pousser à bien travailler en classe.

Chapitre 4

Période ingrate

Chapitre quatre
Période ingrate

Quand je suis rentrée au collège, j'ai ressenti une liberté nouvelle. Je pouvais aller en cours à vélo. C'était à 20 minutes mais j'y allais toute seule quand même. J'ai fait ma $6^{\text{ème}}$ et ma $5^{\text{ème}}$ dans le collège public du secteur mais puisque je devais redoubler ma 4ème, ma mère nous a inscrits, mon frère et moi, dans une institution privée catholique, le collège Monanges. Elle se disait que dans ce genre d'établissement, nous aurions un accompagnement plus individualisé et que nous réussirions mieux à suivre les cours. Malheureusement, cela n'a pas vraiment été le cas. Les professeurs passaient leur temps à me comparer à mon frère. Comme mon frère commençait à faire des bêtises, on me parlait toujours de lui. "Dis donc, ton frère nous inquiète un peu. Tu devrais le surveiller et en parler à tes parents", m'avait dit un jour un professeur. Il commençait à fumer, à traîner, à avoir de mauvaises fréquentations. Mais moi je n'avais pas envie d'être tout le temps identifiée à lui, ça m'agaçait. Qu'est-ce-que j'y pouvais s'il tournait mal ? J'essayais de lui parler mais il ne voulait rien entendre. Alors, j'ai un peu abandonné et je me suis concentrée sur mon travail qui était aussi en train de mal tourner.

C'était une institution privée au sein de laquelle la plupart des enfants étaient issus de milieu favorisés avec des parents aisés financièrement. Les filles avaient des sacs de cours Louis Vuitton, elles étaient toujours très bien habillées. Moi j'étais un peu un garçon manqué avec mes joggings et mes longs cheveux que j'attachais en couette. Je n'aimais pas me maquiller, je ne portais jamais de robe, alors qu'enfant j'en portais avec plaisir. Je n'étais pas très adaptée à cet environnement. Disons que je détonnait un peu. Je ne me sentais pas vraiment à ma place.

Un des seuls points positifs de ma scolarité au collège de Monanges, c'est ma rencontre avec Amirat. Elle habitait dans la Zup avec son frère, sa sœur et sa mère et nous sommes très vite devenues les meilleures amies. On se ressemblait beaucoup, on partageait la même passion pour les sports de combat. Moi pour le taekwondo et elle pour la boxe anglaise. On portrait des survêtements toutes les deux, c'était un peu à la mode à l'époque pour les filles qui ne sentaient pas très "filles". On avait une apparence de garçon manqué. Contrairement aux autres élèves qui portaient des signes extérieurs de richesse. Nous on est restées fidèles à nous-même. Et puis, on partageait aussi les mêmes difficultés en classe. On était mauvaises en français, c'était une catastrophe. On bavardait beaucoup.

Je me souviens de mon professeur d'histoire qui nous faisait beaucoup rire.

La cinquantaine finissante, les cheveux longs et grisonnants, il portait une lourde sacoche en cuir à l'épaule, ce qui le faisait pencher d'un côté.

— Pfff, il arrête pas de postillonner t'as vu ? me lançait Amirat discrètement.

Je réprime un rire étouffé. Je savais qu'on pouvait vite partir dans un fou rire incontrôlable.

— S'il vous plaît, Audrey et Amirat, cessez de bavarder. J'en ai assez. Je ne suis pas taillable et corvéable à merci.

Et on riait de plus belle, la tête dans les mains pour ne pas qu'il nous remarque.

Un jour, en 4ème, tous les élèves avaient

dû faire un stage professionnel.

— Et toi, Audrey, tu veux le faire où ton stage alors ?

J'étais un peu fébrile, mais je savais que je voulais essayer de faire un stage dans un cabinet d'avocats. Les questions de justice et de droit me touchaient particulièrement, par rapport à ce qu'on vivait à la maison. J'étais passionnée par ces sujets.

— Je voudrais faire un stage chez un avocat.

— Eh bien, tu as de l'ambition, c'est bien. On va essayer de te trouver ça, d'accord ?

Quelques semaines plus tard, je commençais mon stage et j'étais fascinée par ce milieu, par le prestige que ce métier dégageait. Je trouvais incroyable de pouvoir aider les autres, les accompagner dans leurs combats, les défendre. J'étais très stimulée par tout ce que je voyais. Mon tuteur de stage me donnait des dossiers à lire, puis je l'accompagnais au tribunal pour assister aux audiences. Mon rêve à ce moment-là était de devenir avocate.

L'année suivante, en 3ème, nous nous retrouvons de nouveau dans la même classe avec Amirat. L'année a suivi son cours, comme la précédente. Je prenais le bus chaque matin puis le tram et je devais marcher une dizaine de minutes pour rejoindre l'école. Une fois la journée terminée, je prenais le même chemin en sens inverse. Je devais rentrer sans faire de détour. Parfois, j'avais l'autorisation de ma mère pour faire un détour chez Amirat.

À la fin de l'année de 3ème, Amirat et moi devons redoubler. Malgré l'obtention du brevet, nos résultats étaient trop justes pour pouvoir passer en seconde générale. Sa mère considérait que ce n'était pas catastrophique au point de redoubler et elle a fait tout ce qu'elle a pu pour la faire passer en seconde générale dans un lycée public. Elle a réussi et Amirat est parti. Mais nous n'avons jamais perdu le contact toutes les deux. Elle a eu un parcours incroyable après toute cette période. Elle s'est mariée, elle a divorcé, elle a dû lutter pour faire valoir ses besoins. Ensuite elle est partie vivre à Londres, en Asie et maintenant aux Pays-Bas où elle est devenue psychologue.

Pour revenir à cette période du collège, moi, j'ai dû entrer en seconde passerelle. C'était une classe qui venait d'ouvrir et qui faisait le lien entre la $3^{\text{ème}}$ et la 2nd pour les élèves un peu en difficulté. Mais j'avais déjà deux ans de retard, plus aucun camarade et je commençais vraiment à désespérer de mon avenir. Je ne voulais plus apprendre ni travailler. Cette expérience dans le privé a été très dure à vivre pour moi au niveau des apprentissages. J'ai eu l'impression d'être pointée du doigt. Je finissais très souvent avec des heures de colle mais en même temps j'ai aussi passé de très bons moments dans cette petite institution. C'était comme une famille, avec ses joies et ses peines.

Alors quand j'ai appris que je devais encore redoubler, mon rêve de devenir avocate s'est instantanément envolé. J'étais tellement déçue par ce nouvel échec dans ma scolarité. Je me disais que je n'étais vraiment pas faite pour les études, et qu'il fallait que je trouve une solution rapidement. Après cette seconde passerelle, j'ai intégré la seconde générale mais ça n'a duré que trois mois car les professeurs me trouvaient toujours incapable de suivre le cours. Lassée et dégoûtée par le système scolaire, j'ai donc commencé à me renseigner sur des formations professionnelles en lien avec le sport. Initialement, j'aurais aimé faire sport-études mais c'était trop cher pour ma mère. En parallèle, j'ai passé mon BAFA à 17 ans. Je travaillais dans la maison de quartier pendant les vacances scolaires. Je suis aussi partie un peu en colonies de vacances. J'ai pensé aux métiers de l'animation sportive avec des jeunes. L'équipe pédagogique de l'école a décidé, sans que je comprenne encore vraiment pourquoi, de m'inscrire en CAP petite enfance. Pour eux, je n'étais pas faite pour les longues études, je m'intéressais au sport, aux jeunes et j'étais une fille alors ma voie était toute tracée.

Ces quelques mois passés là-bas me laissent un souvenir désastreux. Je ne me sentais pas du tout à ma place, je ne trouvais aucun plaisir à suivre les cours de nutrition infantile, de biologie, de soin, comment habiller et faire sa toilette à un bébé.

— Alors, aujourd'hui, nous allons apprendre à changer la couche de bébé. D'abord, vous devez connaître les différentes tailles de couche. Selon l'âge de l'enfant, ce n'est pas la même chose. Pour changer un bébé, il y a plusieurs règles indispensables à connaître.

— Mon dieu, mais qu'est-ce-que je fous

là ! J'en ai rien à faire de savoir comment on change la couche d'un bébé. À quoi ça va bien pouvoir me servir ?, me répétais-je dans ma tête toute la journée.

Il fallait vraiment que je trouve une porte de sortie. Je commençais à être déprimée. À 17 ans, je ne voyais aucun avenir devant moi. Je n'avais envie de rien. C'était vraiment une mauvaise période. J'estime ne pas avoir eu de suivi, j'ai décroché du système scolaire sans le vouloir, je me sentais incomprise dans mes choix, dans mon parcours. J'étais une élève motivée et sérieuse, avec l'envie d'apprendre et d'aller de l'avant. Mais je me suis heurtée à un système trop rigide qui ne prend pas en compte la motivation mais les notes et les résultats à des devoirs. C'est du passé maintenant mais je ne suis pas sûre que cela ait beaucoup évolué. Quel gâchis de laisser des jeunes qui ne demandent qu'à bien faire sur le bas-côté sous prétexte qu'ils n'ont pas d'assez bonnes notes.

Chapitre 5

Adolescents en crise

Chapitre cinq
Adolescents en crise

J'étais une adolescente très calme, par rapport à ma sœur et mon frère. Je n'ai jamais fait de crise d'adolescence. Je continuais à être la petite fille sage et souriante que j'avais toujours été. Il y avait des règles très strictes à la maison avec ma mère. Puisqu'elle était seule, mais pas célibataire, elle redoublait de règles pour ne pas qu'on lui échappe. On n'avait pas le droit de sortir le mercredi après-midi, encore moins le soir. Je ne voulais pas entrer en conflit avec elle alors j'obéissais gentiment. À 17 ans, je n'avais même pas le droit d'aller au Mcdo avec des amis. Évidemment, je n'étais jamais sortie en boîte de nuit. Mais, je me suis pliée à toutes ces règles car je ne voulais surtout pas être une source d'inquiétude pour ma mère. Je devais être là pour l'aider, je ne pouvais pas me permettre de faire des bêtises. Elle avait déjà assez de soucis avec les problèmes de ma sœur et ensuite de mon frère.

Ma sœur pratiquait la natation à haut niveau. C'était sa passion. Mes parents, et surtout mon père, l'encouragent beaucoup dans cette voie sportive. Pour lui, faire du sport est une obligation. Cela participe à une bonne hygiène de vie. C'est une discipline quotidienne très importante. Mais lorsque ma sœur est entrée dans l'adolescence, vers 13 ou 14 ans, il a commencé à lui tenir des propos très violents : "Regarde-moi tes fesses, et tes cuisses. T'es trop grosse. Tu arriveras jamais à nager si tu restes comme ça." C'était affreux pour elle d'entendre ça. Il nous comparait aussi beaucoup toutes les deux. “Regarde, Audrey au moins elle n’a pas des grosses fesses comme toi.”

Elle a commencé à faire un blocage sur la nourriture et puis elle est tombée dans l’anorexie et la boulimie. La maladie s’est installée progressivement. Au début, Tia avait pris l’habitude de voler la nourriture à la maison pour manger en cachette mais dès qu’elle mangeait quelque chose, elle se faisait vomir. Pour éviter ce comportement, ma mère avait rangé les paquets de gâteaux du goûter, les produits salés et les aliments du petit-déjeuner dans une armoire qu'elle avait fermé à clé, dans un cabanon qui était lui-même fermé à clé. Elle était obligée de cacher la nourriture pour éviter que ma sœur ne se fasse du mal avec. Ma sœur était obsédée par ces deux clés. Elle les cherchait partout le soir, même la nuit quand notre mère dormait. Elle alternait des périodes de boulimie et d'anorexie. Elle ne mangeait rien à table et elle se gavait avec tout ce qu'elle trouvait entre les repas. Mais juste après elle se faisait vomir.

De 2001 à 2004, c'est-à-dire de 13 à 16 ans, elle a été suivie à l'hôpital psychiatrique Sainte-Marie. Son mal-être quotidien l'avait fait basculer dans la maladie psychique et les troubles du comportement alimentaire. Elle a toujours été en recherche de preuve d'amour, d'attention et d'affection de la part de notre père. Il ne lui donnait pas ce qu'elle attendait, au contraire. Elle avait très peu confiance en elle. L'anorexie est comme un ultime appel au secours. Quand la personne qui souffre ne sait plus comment dire ce qu'elle ressent, elle va le faire comprendre avec son corps. Dans le cas de ma sœur, c'était évident qu'elle appelait à l'aide, qu'elle était en manque absolu d'amour paternel. Mais, lui, il ne s'en préoccupait pas vraiment. Il faisait un déni de la maladie de sa fille aînée. Il n'était pas plus présent parce qu'elle était malade.

Il était très dur avec elle, alors qu'avec moi il était différent. Je sais qu'elle en a beaucoup souffert et qu'elle en garde de profonds traumatismes. Je crois que mon père se retrouvait un peu en moi. Je lui ressemble beaucoup, mentalement et physiquement. Nous avons un lien plus fort tous les deux. Je ne l'ai pas cherché plus que cela évidemment mais c'est comme ça. J'ai suivi aussi le même parcours que lui en entrant dans la gendarmerie. Je voulais lui montrer que j'en étais capable. Je voulais qu'il soit fier de moi.

Tous les trois, on a essayé par différents moyens de lui montrer qu'on était là, qu'on existait. On avait un besoin de l'appeler à nous parce qu'il était absent physiquement mais aussi psychologiquement.

Malheureusement, la maladie qu'elle a vécu à l'adolescence a laissé des traces dans sa vie aujourd'hui. Elle a beaucoup de mal à trouver sa voie, à faire confiance aux gens et à s'autoriser à être heureuse. Elle a toujours énormément de projets en tête mais elle n'arrive jamais à se cadrer pour aller au bout. Elle a toujours du mal à accepter son corps alors qu'elle est magnifique. Elle a un beau visage, de beaux traits, une longue chevelure noire et un caractère de feu. Elle a une personnalité incroyable, elle ne se laisse pas faire et c'est une vraie force. Elle a été ambulancière pendant plusieurs années. Comme nous avons grandi en Auvergne, elle a développé un amour profond pour la montagne. Elle a vécu dans les Alpes, dans le Jura, puis en Ariège et maintenant près de Toulouse où elle s'est rapprochée de ma mère. Ma sœur est toujours en quête de quelque chose, je ne sais pas quoi. Elle a toujours besoin de partir. J'aimerais tellement la voir heureuse et épanouie mais nous avons du mal à communiquer. La vie nous a éloignés tous les trois. Aujourd'hui, nous sommes très différents.

Quant à mon frère, c'était un petit garçon très mignon. Un petit blondinet qu'on adorait taquiner avec ma sœur. Mais quand nous avons quitté l'enseignement public pour le privé catholique, il a commencé à vouloir s'affirmer. Il avait 12 ou 13 ans, et il a complètement changé de comportement. Il est devenu odieux, violent, insolent. Il répondait à ma mère, il l'insultait.

Pendant les vacances scolaires, ma mère nous autorise à jouer à la Nintendo 64 pendant une heure par jour seulement. On devait donc partager le temps de jeu en trois. Mon frère voulait toujours jouer à Super Mario plus longtemps que nous et ça finissait toujours en bagarre. Un jour, il a pris la Nintendo et il me l'a jetée à la figure.

À 14 ans, il a commencé un apprentissage pour devenir pâtissier. Il a passé son CAP pâtissier et chocolatier avec succès parce qu'il a un vrai talent dans ce domaine. Mais, lui aussi, comme ma sœur, a cherché à appeler à l'aide à sa façon. Il a commencé à avoir de mauvaises fréquentations. Assez vite, il est tombé dans la délinquance, la drogue, l'alcool, la violence. Il fuguait en pleine nuit et je partais avec ma mère dans les rues de la ville pour le retrouver. Il était aussi recherché par les gendarmes. Il avait tout le monde à ses trousses.

Puisqu'il n'avait aucun modèle masculin, il a cherché dans une forme de violence ce qu'il pensait être la virilité. Il devait s'affirmer face à trois femmes à la maison, sans exemple d'homme à suivre. C'est aussi ce qui explique qu'il ait été si loin. Il se cherchait une identité à travers des gens qui traînaient dans la rue. Après l'école, il allait rejoindre les gens qui vivaient près de la gare. Il commençait à toucher à la drogue et à boire. À 17 ans, heureusement, Yoan a complètement changé d'état d'esprit. Il s'est réfugié dans la religion et il s'est converti à l'Islam. Le contexte dans lequel il s'est converti nous a beaucoup questionnés. C'était au moment des attentats en France et j'ai eu peur qu'il se laisse embrigader. Sortir de la rue pour aller faire le djihad aurait été une terrible nouvelle pour nous tous. Mais ce n'est pas le cas. Aujourd'hui il a 29 ans, il est actuellement en Arabie Saoudite pour le pèlerinage à la Mecque, il est marié et ils ont eu une petite fille qui s'appelle Maryam (Marie dans la Bible). D'un côté, la religion l'a sauvé de la rue, des dettes, de l'alcool, de la drogue.

— Bonjour Audrey, comment vas-tu ?

— Écoute, ça va, et toi ? Tu es où là ?

— À la Mecque, tu sais. Je fais le pèlerinage.

— Ah oui, c'est vrai. Et, ça te plaît ?

— C'est plus que ça, c'est compliqué

à expliquer. Parfois je repense à mon comportement quand j'étais jeune et j'ai honte. Comment ai-je pu être aussi méchant avec maman ?

— Je sais… Le plus important c'est de le reconnaître et de s'excuser. Tu sais, tout le monde fait des erreurs. Tu n'as pas à avoir honte, tu étais perdu.

— Oui, sûrement. Mais quand même, je ne pourrais jamais oublier et elle non plus.

— Non, mais elle pourra pardonner. Tu es son fils.

Chapitre 6

Maman courage

Chapitre six

Maman courage

Ma mère, bien que courageuse et calme, devait être épuisée. Par fierté, elle ne parlait jamais de nos problèmes, à personne. Elle n'avait pas d'amis et elle ne pouvait pas compter sur mon père. Elle ne parlait pas non plus à ses parents pour ne pas les inquiéter plus que cela. Elle a toujours tout fait pour nous préserver. On ne subissait jamais les disputes. Ils attendaient qu'on soit endormis pour régler leurs affaires. C'est seulement en 2001, lorsqu'elle est partie que nous avons commencé à comprendre ce qu'il se passait entre eux. Quelques mois plus tard, nous avons perdu notre grand-mère maternelle d'une tumeur au cerveau fulgurante en quelques mois. Ce deuil brutal et très douloureux a été une épreuve supplémentaire pour ma mère dans cette période troublée. Elle n'avait plus sa mère auprès d'elle pour la soutenir lorsqu'elle n'allait pas bien.

Le mercredi après-midi et les weekends, je ne pouvais pas aller en ville, rejoindre mes copines ou manger avec elles, je devais rentrer. Ma mère était stricte sur les sorties alors je ne disais rien. Elle voulait nous protéger de tout ce qu'il pouvait se passer à l'extérieur. Il n'y avait que trois lieux autorisés pour elle : la maison, l'école et le sport.

Je comprends aujourd'hui pourquoi elle nous a élevé de cette façon. Elle devait jouer les deux rôles, le père et la mère. On ne parlait pas de sujets intimes ou personnels comme les petits copains ou copines, la sexualité etc. Ne pas en parler, c'était faire disparaître les questions. Nous n'avions pas d'argent de poche, évidemment. Je ne pouvais pas aller manger un sandwich avec mes copines le week-end ou aller au cinéma. Tout cela me frustre beaucoup, à 15 ou 16 ans. Le soir, on avait le droit de regarder "Plus belle la vie" et ensuite on devait aller se coucher : "allez, chacun dans votre chambre maintenant." C'était un moyen pour elle d'avoir un peu de calme, sinon on passait notre temps à nous disputer avec mon frère. Je regagnais ma chambre et je lisais, j'écoutais la radio. Je pouvais faire ce que je voulais et si je ne dormais pas, elle ne venait pas vérifier. C'étaient les règles de la maison.

Ma mère a tout fait pour nous protéger, en réalité. La seule manière pour elle de faire en sorte que tout ne s'écroule pas, c'était de mettre en place des règles très strictes, très militaires en quelque sorte. Notre vie quotidienne pouvait donner l'impression d'être celle d'un foyer pour jeunes avec une éducatrice à la place d'une maman, mais sans cette rigueur, elle savait que rien n'aurait tenu. Elle n'avait pas le choix. Elle devait être forte et ne rien laisser passer. Elle a construit un nid un peu rugueux, certes, mais un nid quand même pour essayer de nous donner le plus de sécurité possible avant qu'on prenne notre envol. Elle a passé des années assez tragiques durant lesquelles elle n'a jamais flanché. Elle est restée droite, digne, incroyablement courageuse pour affronter toutes les épreuves que la vie a placées sur sa route.

Aujourd'hui, elle s'autorise à vivre pour elle. Ce n'est plus du tout la même personne.

Chapitre 7

Deux vies parallèles

Chapitre sept
Deux vies parallèles

À aucun moment mon père n'a pris ses responsabilités pour essayer de sortir mon frère de ses problèmes, pour le recadrer ou le remettre dans le droit chemin. Il a toujours fui les problèmes. Il considérait que mon frère était trop grand et que c'était trop tard, c'était peine perdue. Mon père aimait surtout quand on était petits, quand on ne pouvait pas encore trop parler, répondre ou argumenter. À partir du moment où l'on est entré dans l'adolescence, il était encore plus absent. Il était soit en OPEX, soit au régiment sur le territoire. Il n'était bien que quand il était au travail. L'état d'esprit militaire qui caractérise mon père n'était pas compatible avec la vie de famille que nous menions à la maison. Il s'est réfugié dans le travail car il y trouvait une discipline, des règles, de l'obéissance et surtout pas de débat ou de négociation. Ce schéma de vie était tellement éloigné de son quotidien qu'il préférait fuir. Avec trois enfants qui deviennent trois adolescents, rien n'est carré. Rien n'est prévisible. Tout est source de questionnements, de discussions et c'est comme ça que les parents doivent élever leurs enfants, dans la communication. Lui, ça ne l'intéressait pas du tout.

Sa vision de la famille était très claire : il travaillait pour ramener l'argent au foyer et ma mère devait gérer tout le reste. Ses absences pour partir en OPEX lui donnaient aussi l'excuse pour se défausser de ses responsabilités. Puisqu'il n'était pas présent, ce n'était pas sa faute. Alors que c'est tout l'inverse. Les enfants qui grandissent dans le manque et l'absence d'un des deux parents développent nécessairement des troubles, des traumatismes. Et l'adolescence peut basculer très vite dans une période catastrophique qui détruit le futur.

Lorsque mon père rentrait de ses OPEX, il était en décalage complet avec la vie civile. Il venait de vivre des expériences psychologiques et physiques intenses et affreuses. Il avait côtoyé la mort, la violence, ce que la guerre faisait de pire et il devait revenir à une vie normale.

Évidemment c'était impossible. À la maison, il se retrouvait seul face à ses démons. J'imagine qu'il devait être hanté par les images des pays dans lesquels il s'était rendu. Dès qu'il pouvait, il allait au régiment duquel il dépendait sur le territoire pour retrouver l'ambiance militaire.

Il a aussi cherché à oublier par tous les moyens les atrocités qu'il avait vues sur les terrains de guerre en se réfugiant dans l'alcool. Cela lui permettait de relativiser et d'avoir peut-être moins de pensées négatives. Malheureusement, en se réfugiant dans l'alcool, il a commencé à devenir très colérique, impatient, et violent avec ma mère. Les stress post-traumatiques auxquels il avait été confronté n'avaient jamais été pris en charge par l'armée au retour d'OPEX à l'époque. Il n'y avait pas de suivi, pas de soutien, pas de conseil. Ni pour les soldats et encore moins pour les femmes de soldats. Il devait vivre avec, mais cela a détruit la famille au passage. Encore aujourd'hui, il ne vit pas vraiment, il survit avec ses démons du passé. Dans la culture et la tradition algériennes dont mon père est issu, la place de la femme n'est pas à l'extérieur.

Il était inconcevable pour lui que ma mère puisse travailler. Elle devait être mère au foyer, un point c'est tout. Mais de son côté, ma mère a vite ressenti le besoin de prendre son indépendance, d'avoir un échappatoire à la vie domestique. Quand elle a compris qu'elle n'aurait jamais le droit de vivre une vie sociale et indépendante, elle a commencé à chercher du travail pour gagner sa liberté. Elle voulait déjà divorcer avant la naissance de mon petit frère mais elle lui avait laissé une seconde chance suite à ses excuses. Ils ont essayé de rebâtir leur relation, ils ont eu un troisième enfant. Mais un enfant ne peut pas réparer les liens d'un couple brisé. Alors elle a préparé son départ bien en amont du divorce. Elle savait qu'elle devait travailler, que c'était la seule solution pour elle si elle voulait partir.

Les accès de colère et de violence de mon père devenaient de pire en pire à chaque fois qu'il rentrait d'une nouvelle OPEX. Son caractère était de plus en plus dur d'après ma mère. Nous avons essayé de discuter avec lui mais il ne voulait pas entendre parler de médecins ou de suivi psychologique. Il nie complètement depuis des années. Il veut rester fidèle à l'armée, c'est sa famille. Il n'en dira jamais de mal. Par exemple, il y a quelque temps, il s'est mis au garde à vous au téléphone en parlant à un ancien collègue.

Chapitre 8

Le choix de ma mère

Chapitre huit

Le choix de ma mère

Un peu après la naissance de ma sœur, en 1988, ma mère travaillait à mi-temps dans une école à Saint Thècle en tant qu'assistante maternelle. Elle ne voulait pas de cette vie de femme au foyer promise par mon père. En 2001, elle a commencé une formation de conductrice de bus. Les cours avaient lieu toute

la semaine et elle ne revenait à la maison que le week-end.
C'était son projet pour s'émanciper. Yoan et moi étions donc gardés par notre père. Je me souviens que c'était une période difficile. J'avais 10 ans et je devais protéger mon frère des débordements de mon père à cause de l'alcool. Il prenait la voiture, nous étions assis à l'arrière mais il pouvait s'endormir à tout moment. Une fois, il s'est endormi en plein milieu d'un rond-point et j'ai dû le réveiller de peur d'avoir un accident. Une autre fois, il s'est endormi plus près de la maison. Je suis rentrée

avec mon frère à la maison et j'ai laissé mon père dormir dans la voiture jusqu'à ce qu'il reprenne ses esprits. Tia, ma sœur, partait régulièrement pour se réfugier chez des copines ou chez nos grands-parents. Elle ne voulait pas subir les comportements inconscients et violents de notre père. Je lui en ai voulu pendant des années de ne pas être restée avec nous. J'avais l'impression qu'elle nous abandonne. Malgré tout, je savais qu'elle était malade et qu'elle avait subi beaucoup plus de chocs psychologiques que nous. Elle a beaucoup été malmené et elle a entendu des mots blessants de sa part. Elle devait se sauver avant tout. Nous avons commencé à nous éloigner à ce moment-là. Chacun de nous essayait de se débrouiller comme il pouvait sur ce chemin pavé de difficultés et d'abandons.

J'avais dix ans quand le divorce a été prononcé, à la fin de l'année 2001. Il y a eu des moments très violents avant que la situation s'apaise. Un jour, mon père a cassé la porte à coup de hache. Un autre, il a jeté tous nos souvenirs et certains de nos albums photo dans le feu de la cheminée. Il brûlait les traces de notre vie commune, par colère. Une fois la rage passée, il a accepté la situation. Ma mère a obtenu notre garde exclusive. Il lui a laissé la maison et il est parti. Nous l'avons très peu vu pendant quelques années. Nous ne savions pas où il habitait.

Après le divorce, il a fallu rebondir car il y avait toujours trois bouches à nourrir. Après sa formation de conductrice de bus, ma mère a trouvé un poste de 2001 à 2003, jusqu'au jour où elle a eu un grave accident de minibus avec des jeunes handicapés mentaux. Elle était seule sans accompagnateur. Le bus a complètement flanché, ils étaient tous coincés. Physiquement et moralement elle a mis longtemps à s'en remettre et elle n'a plus jamais voulu conduire un bus. Elle a donc repris des jobs en tant qu'assistante maternelle en remplacement et elle distribuait le courrier pour La Poste en vélo. C'était un travail alimentaire en attendant de trouver un poste à temps plein.

Je garde un beau souvenir de ce moment-là car la mère de ma meilleure amie Amira distribuait aussi les journaux alors on s'entraide. Le mercredi après-midi après les cours, nous partions dans son box en bas de son HLM et je l'aidais à trier les journaux pour sa mère en faisant des petits paquets, tout ça à la lumière de la bougie. C'était très dangereux et ça a d'ailleurs pris feu quelques mois plus tard. On mettait un peu de musique et on chantait, on rigolait. Dès que je pouvais, je prenais mon vélo et j'allais aider ma mère à distribuer pour aller plus vite. J'aimais bien passer ce temps avec elle.

Chapitre 9

Mon père, ce héros complexe

Chapitre neuf

Mon père, ce héros complexe

L'image que mon père renvoie à l'extérieur est celle d'un homme courageux qui s'est élevé seul grâce à sa force et son travail pour sortir de sa condition sociale d'origine. Un homme qui a eu une brillante carrière militaire, qui a été témoin d'atrocités sur les théâtres de guerre du monde entier. Mes grands-parents maternels, même après le divorce, l'ont toujours encensé et mis sur un piédestal. Je dois avouer que moi aussi.

“ Ton père a eu une vie difficile, tu sais. Il a dû se battre pour s'en sortir. Et puis, il a vu des choses horribles dans l'armée. Il aide beaucoup les autres tu sais.” Pour eux, mon père est un modèle de réussite et de dévouement pour la France, qu'il a servi durant toute sa vie. L'envers du décor, malheureusement, c'est une famille détruite, une femme délaissée, épuisée, incomprise et des enfants remplis de traumatismes et de cicatrices intérieures.

Je ne voudrais pas faire uniquement de lui le portrait d'un père absent qui délaisse sa famille. Sa personnalité est bien plus complexe que cela. Car en dehors de notre noyau familial, il est toujours prêt à rendre service aux gens. Il aime se sentir utile et être reconnu socialement. Et tout le monde le sait d'ailleurs. "Tiens, Jean-Paul, tu voudrais pas aider à préparer le repas pour le mariage de ma fille", "Tiens Jean-Paul, tu voudrais pas t'occuper de ceci ou de cela ?"

Il ne dit jamais non. Et en plus, il le fait vraiment avec plaisir. C'est le seul de ses frères et sœurs à aller s'occuper de sa mère vieillissante, alors que par ailleurs elle est odieuse avec lui. Il a le sens du devoir pour autrui, le sens du sacrifice. Le seul problème c'est qu'il ne l'a pas eu dans son rôle de père de famille. Il n'a pas réussi à s'investir dans cette vie-là. Il ne dira jamais pourquoi il n'a pas réussi à être un père aimant. Il ne parle jamais de son enfance, de ses blessures ou de ses manques. C'est un homme pudique, évidemment encore plus avec le poids du secteur dans lequel il a évolué toute sa vie où il n'y a pas de place pour les sentiments.

Quand ma mère a demandé le divorce,

il lui a dit “si tu es plus heureuse ainsi, alors on va le faire.” Il a toujours payé les trois pensions alimentaires, il n’a rien demandé quand ils ont dû vendre la maison. C’est pour ça qu’on ne peut pas être complètement fâché contre lui.

L’exemple le plus récent de son dévouement total à l’armée au détriment de ses enfants a été le jour du second mariage de mon frère lorsqu’il a choisi de répondre à un besoin de service plutôt que d’être présent au mariage de son fils. Mon frère, qui s’est assagi depuis de nombreuses années, a compris et il ne lui en a pas voulu. Mais le chemin a été long pour arriver à accepter qu'il fasse toujours passer son travail avant nous.

Chapitre 10

Ma vie commence enfin !

Chapitre dix
Ma vie commence enfin !

Pour revenir à mon parcours professionnel, il faut remonter un peu en arrière. Je suis donc en CAP Petite enfance, j'ai 17 ans et je ne sais pas ce que je vais devenir. Pour essayer de trouver une autre voie, j'ai passé beaucoup de temps au CDI. C'est là que j'ai vu qu'on pouvait intégrer la gendarmerie ou l'armée dès l'âge de 17 ans. Je ne voulais pas choisir l'armée, pour ne pas suivre les pas de mon père car je restais assez traumatisée par cette période de vie avec lui. Selon moi, dans la gendarmerie, j'allais pouvoir intégrer un secteur dans lequel la justice et la protection étaient au cœur des préoccupations. Je n'avais pas oublié le premier métier que j'avais eu envie d'exercer quelques années auparavant lors de mon stage chez un avocat. Et je savais que je ferai aussi beaucoup de sport.

Je me suis lancée toute seule dans la préparation du concours de la gendarmerie au sein du parcours GAV (gendarme adjoint volontaire), sans en parler à ma mère. Ce concours est ouvert à tout le monde sans condition de diplôme avec un minimum d'âge à 17 ans. Je me suis donc rendue au centre d'information le plus proche de chez moi. J'ai discuté avec la personne responsable de l'organisation du concours et puis j'ai passé une batterie de tests (test psychotechnique, test de connaissances générales, test de compréhension de textes et de mathématiques) ainsi qu'un entretien de motivation.

Quelques semaines plus tard, j'ai reçu un courrier à la maison annonçant que j'étais reçue à l'examen. Il fallait donc maintenant que j'en parle à ma mère. J'ai sauté de joie en lisant la lettre. Je suis allée la voir, un peu fébrile :

— Maman, il faut que je te dise quelque chose.

— Oui, quoi ?

— J'ai passé le concours de la gendarmerie et j'ai été prise. Je viens de recevoir les résultats.

Ma mère s'est figée pendant quelques secondes. Elle ne s'attendait pas du tout à ça.

Quoi ? Et tu vas arrêter l'école ?

— Oui mais pas vraiment puisque je vais entrer à l'école de la gendarmerie.

— Oui. C'est vrai. Mais ça te plait, ça ? Tu es contente ?

— Je suis super contente, maman. J'ai enfin réussi quelque chose.

— Alors je suis contente aussi. Et je te fais confiance pour faire tout ce que tu peux pour y arriver.

Quelques semaines plus tard, j'étais intégrée à la promotion de l'école de Châtellerault, je ne savais même pas où se trouvait cette ville. J'avais l'impression que je partais à l'autre bout de la France, voire du monde. C'était un sentiment incroyable d'avoir enfin réussi quelque chose qui allait me faire quitter la région, prendre mon envol et ma liberté.

Le jour du départ, ma mère m'a accompagnée à la gare de Clermont-Ferrand. J'étais stressée car je devais changer de train à Poitiers, je ne devais pas rater ma correspondance. Je regardais les panneaux d'affichage. Je pensais au trajet et quand je me suis tournée vers ma mère, j'ai vu qu'elle pleurait d'émotions. C'étaient des larmes de joie, de fierté et de tristesse de me voir quitter le nid. Moi, je n'ai pas pleuré. J'étais tellement excitée de partir. Je me souviens avoir pensé "ça y est ma vie commence enfin !"

Chapitre 11

Grandir d'un coup

Chapitre onze

Grandir d'un coup

À l'arrivée à l'école, je me suis retrouvée dans une grande salle avec une cinquantaine de jeunes comme moi. On nous a présenté les différentes personnes qui allaient nous suivre. Le bâtiment pour les hommes était séparé de celui occupé par les femmes. Ensuite, tout est allé très vite. On nous a emmené dans les dortoirs. Chaque chambre était composée de huit lits. Les douches étaient collectives et quelques-unes individuelles. On nous a donné à chacune un paquetage avec le treillis, la tenue de cérémonie et la tenue de sport. J'ai tout rangé très soigneusement dans mon armoire. Tout était déjà très codifié, très réglé. Une des premières choses qu'on nous a enseigné, c'est de faire notre lit au carré. Ce n'est pas un cliché, c'est vrai. Nous devions faire notre ménage nous-même. Cela m'a appris très vite à être autonome et à grandir d'un coup.

Je suis rentrée à l'école de GIE en mars

2009, j'avais 17 ans. Je devais donc attendre 18 ans pour prêter serment avant de pouvoir intégrer ma future affectation. Comme j'étais la plus jeune de la chambre, les autres filles m'ont tout de suite prise sous leur aile. Elles ont été très gentilles, très bienveillantes avec moi. J'ai le sentiment d'avoir vécu ces quelques mois comme une grande colonie de vacances, en plus strict. Parfois je pleurais parce que c'était très exigeant physiquement. J'avais des courbatures partout, j'étais fatiguée. Mais j'avais l'impression d'être avec des copines et cela me faisait tenir. Justine et Émilie, particulièrement, ont beaucoup compté pour moi et nous sommes toujours amies aujourd'hui.

Les trois mois d'école ont été très intenses. Durant ces treize semaines, la formation comprenait un module de formation militaire et professionnelle. Il fallait acquérir des connaissances sur la gendarmerie, sur les techniques d'intervention professionnelle, mais aussi des notions élémentaires en police judiciaire, administrative et de la circulation routière. Nous devions également suivre un module de formation préparatoire à notre futur emploi opérationnel.

La vie en caserne n'était pas de tout repos. Parfois, nous étions réveillées en pleine nuit.

— Allez, debout. Habillez-vous ! Rendez-vous dans la cour dans trois minutes.

Je regarde mon réveil. 2 h du matin. Je ne comprends pas très bien mais j'obéis aux ordres. Je me lève et j'enfile mon treillis. Je descends dans la cour avec mes camarades de chambre. Ce qu'on apprend en école de gendarmerie, c'est à obéir sans réfléchir. Le but est quand même de devenir un bon petit soldat.

— Allez, série de cent pompes et abdos. C'est parti.

Je m'exécute. Mon corps est encore endormi mais il se réchauffe très vite et il enchaîne les exercices.

— Bien, maintenant, mettez-vous en rang pour le chant.

Je sens mes muscles brûler. J'ai mal partout mais je commence à chanter, portée par les voix de mes copines.

— Repos. Vous pouvez retourner vous coucher.

Nous remontons dans notre dortoir, soulagée de pouvoir enfin nous rendormir. Je tombe à nouveau dans un sommeil profond.

— Debout ! Rendez-vous dans la cour

dans deux minutes.

Je regarde le réveil. Je dors depuis 45 minutes même pas et nous sommes de nouveau réveillées pour recommencer l'exercice. J'ai envie de pleurer mais j'obéis aux ordres. Je suis poussée et encouragée par l'élan collectif. Au début, on rigolait mais au bout de plusieurs nuits à ce rythme, on n'avait plus le cœur à rire. Les journées plus classiques se déroulaient selon un emploi du temps très précis également. Le réveil sonnait à 5 h 45. Le petit déjeuner était pris à 6 h 15. Nous avions cours de 7 h 30 à 11 h 30 avant de déjeuner et de reprendre les cours de 13 h 30 à 17 h 30. Le dîner était servi à 18 h 15. Ensuite, nous devions aller à l'étude de 19 h 30 à 21 h 30 et une heure après c'était l'extinction des feux.

Cette formation m'a appris la discipline et le sens du collectif. Quand un de nous arrivait en retard ou avait mal mis son treillis, on faisait tous des pompes. Il fallait donc faire attention à respecter chaque règle pour ne pas que tout le groupe en pâtisse. J'adorais cet esprit d'équipe et le fait de vivre ensemble une expérience significative et hors du commun. J'avais besoin de ce cadre-là pour grandir. Et, au fond, c'est ce que j'avais toujours connu à la maison. J'ai gagné en maturité très rapidement. Je me dis parfois qu'ils ont terminé mon éducation en me transmettant des valeurs, l'envie de progresser, d'aller de l'avant.

Chapitre 12

Paris, ma liberté

Chapitre douze
Paris, ma liberté

La fin de la formation est arrivée et je devais formuler des vœux d'affectation. Les meilleurs du classement demandaient les DOM-TOM ou le sud de la France. J'ai demandé Paris car mon oncle y vivait et c'était assez facile pour rejoindre Clermont-Ferrand en train. Je n'ai pas choisi d'intégrer une brigade, ou un PA, mais plutôt une ville. Pour moi, Paris était la capitale de la liberté. J'étais tellement fière d'intégrer la Garde Républicaine au sein de la caserne Nouvelle France dans le 10ème arrondissement. J'ai eu la chance d'être logée dans la caserne dans un petit studio de 9m². Je ne payais pas de loyer. Je recevais un salaire de 980 euros et une prime alimentaire de 217 euros. C'était comme de l'argent de poche. J'ai pu mettre de côté pour voyager et payer mon permis. Je trouvais ça incroyable. Le goût de la liberté me donnait des ailes. Je n'en revenais pas de pouvoir marcher seule dans les rues de Paris après avoir traversé toutes ces épreuves. Je repensais à mon enfance, à mon adolescence qui finissait ici, sur les trottoirs de Paris et je souriais intérieurement. Parfois, la vie nous récompense pour nos efforts. Un jour ou l'autre, on voit la lumière au bout du tunnel.

J'aimais beaucoup le quartier, situé entre les Grands Boulevards et la Gare du Nord. Je venais d'avoir 18 ans. Mes journées étaient rythmées par des gardes de 24 h au poste de police à l'entrée de la caserne. Quand je n'étais pas de garde, je passais mes matinées à faire du sport et à courir dans Paris. L'après-midi, je m'occupais des tâches ménagères, ou du jardinage. Je suivais aussi des cours de maîtrise sans arme d'un adversaire. Lorsque j'étais de service à la Garde républicaine, je devais nettoyer les box des chevaux, c'est-à-dire nettoyer les crottins des chevaux. Ce n'était pas très épanouissant… Quand on est gendarme adjoint, on est sous les sous-officiers, on est un peu leurs petits esclaves.

En revanche, puisque je n'avais jamais connu le goût de la liberté, j'ai tout de suite et très vite dérapé. Quand on a été privé de liberté, quand on a connu que des interdits et que d'un seul coup on a une très grande liberté, c'est vraiment dangereux. C'est pour cela qu'il faut vraiment communiquer avec ses enfants, et encore plus quand ils deviennent adolescents.

La première soirée à laquelle j'ai participé avec des collègues, je voulais vraiment m'amuser. J'ai pris un verre, puis un deuxième et un troisième. Je ne sais plus ce qu'il s'est passé à partir d'une certaine heure. J'ai commencé à me sentir mal, très mal. Je n'avais plus le contrôle de rien. J'ai fait un coma éthylique. Je n'avais jamais bu d'alcool de ma vie. Je n'avais absolument pas conscience des dégâts que cela pouvait engendrer. Mes collègues m'ont aidé ce soir-là. Ils ont appelé les pompiers et ils m'ont ramené à la caserne. Ils sont restés près de moi et ils ont fait en sorte que personne ne soit au courant de ce qu'il venait de m'arriver, surtout pas le commandant. S'il l'avait appris, je me serais faite renvoyer immédiatement. Le lendemain matin, je me suis réveillée en sous-vêtements dans un lit avec trois collègues (hommes) dans la chambre.

— Qu'est-ce-que vous faites là ?

Qu’est-ce-qu’il s’est passé ?

J’étais paniquée, et encore la tête dans un étau.

— On va t’expliquer Audrey, m’a dit un des trois collègues.

Hier soir, tu as fait un coma éthylique. Tu as perdu connaissance et on t’a ramenée ici. On t’a fait prendre une douche pour te réveiller un peu, pour te laver aussi parce que tu avais beaucoup vomi. Et on t’a déposée là.

— Tout va bien maintenant, d’accord. Personne ne sera au courant de ce qu’il t’est arrivé. Promis, a continué un autre.

Quand j’en ai parlé à ma mère quelques

jours après, elle était choquée. Elle pensait que j'avais peut-être ingéré de la drogue sans m'en apercevoir. Pour elle, ce n'était pas possible que l'alcool puisse me faire oublier totalement toute la soirée. Elle voulait que j'aille me faire faire une prise de sang pour vérifier mais plusieurs jours étaient passés et je ne l'ai pas fait. Je ne saurais jamais. Il aurait pu m'arriver n'importe quoi. Il aurait pu se passer quelque chose de plus grave. Les dangers de l'alcool, de la droguc, les questions autour de la sexualité n'avaient jamais été évoqués chez moi. En allant à Paris, c'était aussi ce que je recherchais. Je voulais vivre des expériences nouvelles, voire interdites. Mais c'était allé beaucoup trop loin.

C'est la première et la dernière fois que cela m'est arrivé. Je ne me souviens absolument pas de ce qu'il s'est passé cette nuit-là. J'ai eu du mal à en parler pendant très longtemps. J'ai voulu oublier mais au fond je ne saurais jamais ce qu'il s'est passé. Ce black-out complet m'a fait peur autant qu'il m'a fait honte. C'était le 3 janvier 2010, je me souviens encore des prénoms et des noms des trois hommes qui étaient là le lendemain. Si je pouvais faire passer un message aux parents d'adolescents mais aussi aux adolescent.es, aux jeunes femmes ou hommes, ce serait d'être vigilant avec l'alcool, la drogue et tous les problèmes qu'ils peuvent engendrer. Ce serait de toujours communiquer, d'expliquer aux jeunes les dangers qu'ils encourent, de ne pas tout interdire car c'est ce qui peut aussi conduire aux plus grands excès. Ce serait aussi de ne jamais être seul quand on sort, d'être toujours avec quelqu'un en qui on a totalement confiance.

Puisque j'avais 18 ans et que j'étais la plus jeune de la caserne, j'ai assez vite senti, surtout après cet épisode, qu'il fallait que je sorte de cet espace plus souvent si je ne voulais pas être vue comme la jeune fille facile. Même si l'épisode du coma éthylique était resté secret (à part les trois hommes qui m'avaient aidé, personne n'était au courant), ma réputation pouvait vite devenir un sujet de conversation. Je n'avais pas envie qu'on me tourne autour, qu'on cherche à me draguer sous prétexte que j'étais jeune et inexpérimentée. Encore une fois, c'est le sport qui m'a sauvée. Je voulais avoir ma vie privée en dehors de la caserne. Il fallait que je me fasse des amis ailleurs.

Quelques semaines après cet épisode traumatique, j'ai intégré un club de taekwondo à la SDUS de la Seine Saint Denis (93). Je prenais le RER D à la Gare du Nord ou la ligne 13 jusqu'à Saint Denis Université et j'adorais aller aux entraînements. Quelques mois plus tard, j'ai entendu parler d'une série de tests pour intégrer une équipe de boxe française à l'école militaire de Paris dans le 7ème arrondissement. Je me suis rendue sur place pour poser quelques questions. Je n'avais pas l'habitude de pratiquer la boxe française. J'étais plus douée des jambes que des poings. Cependant,

Lionel, mon ancien coach et militaire de carrière au sein de l'école, a détecté un potentiel chez moi et il m'a admise au sein de l'équipe.

Je m'entrainais trois fois par semaine en plus du taekwondo. Mes soirées étaient dédiées au sport. Je me suis laissée guider par ce rythme, cette envie de réussir, et de leur prouver qu'ils avaient fait le bon choix en m'intégrant dans leur équipe. Toujours cette envie de me battre, tout simplement. Comme lorsque j'étais adolescente, j'ai retrouvé dans le sport un refuge dans lequel je pouvais exprimer ce que je ressentais à travers des coups. Le taekwondo et la boxe m’ont permis d’affronter les difficultés du quotidien, de gagner en confiance en moi, de trouver ma place au sein de la société.

Chapitre 13

La fin du service

Chapitre treize
La fin du service

Au sein de la caserne, j'entendais des propos sexistes, racistes, homophobes mais je ne disais rien. Je préférais me taire car je ne savais même pas quoi répondre. J'aurais été mise à pied et je ne pouvais pas me le permettre. Mais personne n'échappera aux blagues douteuses. On fait passer cela pour de l'humour mais c'était une forme de racisme ordinaire. Je le savais avant d'intégrer la gendarmerie, c'était le quotidien de la vie en communauté au sein de la caserne. J'ai quand même vite pu discerner les personnes vraiment racistes et celles qui luttent contre toutes formes de discrimination. Les jeunes recrues se laissaient aller à des propos vraiment très virulents, très racistes alors que les plus anciens restaient dans le respect. Combien de fois ai-je entendu des collègues dire qu'ils allaient casser du bougnoule lors des interventions effectuées par le peloton d'intervention. Je crois que la gendarmerie, comme toute institution publique, est le reflet de la société. Elle est à l'image de la population. Et malheureusement, il y a de plus en plus de jeunes qui se tournent vers l'extrême droite et la violence des idées. Au cours des cinq années de service, j'ai eu le droit évidemment à ce genre de propos déplacés : "Hamouchi, tu fais le ramadan toi ?" au moment du déjeuner, ou encore en revenant de permission "Et, tu veux un blanco pour te blanchir la peau ?"

L'engagement est propre à chacun. J'ai vite compris que certains n'avaient pas les mêmes valeurs que moi. Leur engagement dans les forces de l'ordre n'avaient pas les mêmes intentions. Je voulais lutter pour le maintien de la paix et de la sécurité. D'autres voulaient juste "arrêter les délinquants et leur mettre la misère". Mais l'engagement peut être aussi dramatique. Deux camarades se sont suicidés avec leur arme à feu au sein de la caserne. L'affaire a été étouffée.

Toutes ces remarques, ces propos racistes, le suicide de ces deux collègues, cela devenait vraiment très pesant. Mais le pire, c'est quand j'ai rencontré le père de ma fille. Je venais d'avoir 20 ans, il en avait 22. Il était étudiant en licence et, de temps en temps, il venait dormir dans mon studio à la caserne. Une camarade a commencé à faire circuler la rumeur que j'hébergeais un sans papier. Étant donné qu'il est d'origine antillaise, elle a propagé cette calomnie au sein de l'institution. C'est à ce moment-là que je me suis dit que je n'étais vraiment plus à ma place. Cela m'a fait un électrochoc sur mon devenir au sein de la gendarmerie. J'ai donc décidé de quitter l'institution en 2013.

Je voulais entrer au centre national des

sports de la défense à Fontainebleau et passer un BPJEPS pour devenir éducateur sportif mais j'ai vite compris que ce n'était pas un métier d'avenir très sécurisant. Le secteur de la sécurité privée s'est assez vite imposé à moi. La gendarmerie m'a aidée à préparer ma reconversion, à rédiger des CVs et des lettres de motivation, à m'entraîner pour des entretiens d'embauche. Finalement, ils m'ont bien aidé à sortir de l'institution.

Chapitre 14

Ma rencontre avec F.

Chapitre quatorze

Ma rencontre avec F.

Étant donné le souvenir de ma première soirée catastrophique et le fait que je voulais rencontrer de nouvelles personnes en dehors du cadre de la gendarmerie, je me suis inscrite sur un site de rencontres. Le but était de trouver une relation sérieuse, pas d'enchaîner les histoires d'un soir. Je me souviens avoir rencontré F.[1] en avril 2011, je venais d'avoir 20 ans et lui 22 ans. Nous avons dialogué pendant trois mois environ et c'était assez plaisant mais bizarrement je n'avais pas spécialement envie de le rencontrer, de sauter le pas dans la vie réelle. De son côté, je crois qu'il ne cherchait pas à flirter non plus. Il venait d'arriver en métropole, depuis la Martinique, et il voulait se créer un réseau d'amis à Paris.

J'en avais parlé avec une amie au travail. Elle m'encourageait à lui proposer

1. La personne mentionnée ne souhaite pas que son prénom apparaisse et je respecte ce choix.

un rendez-vous.

— Allez Audrey, essaye de le rencontrer au moins une fois, me taquinait-elle.

— Je sais pas, j'ai pas très envie. J'ai la flemme, réponds-je avec très peu d'entrain.

— Au mieux, tu passes un bon moment. Au pire, tu ne le revoit pas et puis c'est tout. Allez, un peu d'entrain là !

Il était très gentil, mais il me semblait très classique et scolaire. Ce n'est pas un homme qui fait des vagues ou qui fait parler de lui.

— Oh ! Vas-y, il a l'air sympa quand même !

— Oui, tu as peut-être raison. Je vais lui proposer qu'on se retrouve quelque part. On verra bien.

Un jour, j'ai vu un flyer pour un concert de gospel dans une église à Paris et je me suis dit que ce serait là. Je lui ai proposé de nous rencontrer pour la première fois à ce concert de Gospel. J'adorais vraiment ce chant et je voulais que notre premier rendez-vous ait lieu dans un endroit peu commun. Je savais qu'il venait d'un milieu évangeliste même si lui-même n'était pas pratiquant. Je trouvais cela plus sympa que d'aller au restaurant ou prendre un verre par exemple. Au moins, si nous n'avions rien à nous dire, nous pourrions toujours écouter de la musique. Nous avions fixé un horaire, aux alentours de 19 h 00 pour un début de concert à 19 h 30. Étant très à cheval sur l'heure, je me suis rendue sur place avec un peu d'avance. Ne le voyant toujours pas arriver à 19 h, j'ai continué à l'attendre pendant une vingtaine de minutes. Le rendez-vous commençait mal et je m'impatientais car je ne supporte pas les personnes en retard.

À 19h 30, j'aperçois un bel homme qui sort de la station de métro avec un élan confiant. Il était grand, musclé, bien coiffé, il portait des vêtements assez classiques. Il m'inspirait confiance. Je me suis avancée pour aller à sa rencontre.

— Excuse-moi pour mon retard, m'a-t-il dit avec un sourire en coin pour commencer.

Je découvrirais un peu plus tard qu'il avait pour habitude d'arriver en retard. Lors de cette soirée, j'ai vraiment ressenti que c'était un homme sérieux, affectueux, souriant, bien éduqué et très sociable. Il était étudiant en licence d'informatique à Châtellerault, et en stage à Paris. Nous nous sommes revus une deuxième fois au McDo de Châtelet à Paris (un peu moins romantique que le concert de gospel dans l'église) et j'ai senti que c'était un jeune homme respectueux. J'avais confiance en lui.

Le seul point qui me gênait au début, c'était le fait qu'il soit encore étudiant. Je me disais que nous n'aurions pas les mêmes préoccupations, ni les mêmes moyens pour vivre. Moi je travaillais déjà et j'avais peur qu'on soit en trop grand décalage tous les deux. Mais j'ai senti qu'il voulait vraiment réussir ses études. Il devait tout faire pour puisque ses parents lui avaient permis de venir vivre en métropole. Il n'avait pas d'autre choix que d'y arriver.

Nous avions aussi un peu le même schéma familial. Son père, qui était décédé depuis quelques temps, avait été très dur avec lui dans son enfance. Il avait un poste haut placé et il considérait que son fils était le cancre de la famille. Il n'avait pas reçu beaucoup d'amour paternel, d'après ce qu'il me racontait. Cela a évidemment résonné très fort avec ma propre histoire. Nous avons connu le même manque de père. Je ne sais pas si c'est pour ça, mais nous avons tout de suite ressenti une forte connexion entre nous. Je ne voulais plus le quitter, j'étais complètement sous le charme. En plus de toutes les qualités que je découvrais en lui, c'était un très bon danseur. Il pratiquait également le jiu-jitsu. Moi qui adorais les sports de combat, je trouvais encore un point commun qui me plaisait. Le sport était notre échappatoire à tous les deux et on s'est beaucoup entraînés ensemble.

Le temps de son stage, F. était hébergé chez une amie à lui. Amandine était d'une gentillesse incroyable avec lui. Elle lui préparait même à manger lorsqu'il rentrait le soir. De temps à autre, je l'hébergeais aussi à la caserne le temps d'une nuit. Le week-end, nous sommes allés à Montreuil chez Amandine.

En juillet 2012, nous sommes partis en Martinique. Il voulait me faire découvrir la beauté de son île et me présenter à sa famille. C'étaient nos premières vacances ensemble. J'étais vraiment sur un petit nuage. Je me sentais si bien avec lui. Nous parlions d'avenir. On a fait des plans pour les années à venir. J'étais extrêmement attachée à lui. C'était l'amour, une source de joie quotidienne. Je n'avais jamais envisagé mon avenir avec plusieurs partenaires. Je n'en ressentais pas le besoin et en même temps je n'avais aucune dépendance affective. Je me sentais libre et assez peu jalouse. Mais je crois que je manquais de communication. J'imposerais beaucoup ma vision des choses sans me soucier de ce qu'il pouvait ressentir. Cela fonctionnait ainsi car F était une personne très calme qui n'avait jamais un mot plus que l'autre.

Nos échanges étaient très respectueux.

Les mois ont passé. J'ai quitté la gendarmerie en 2013 à la suite de propos calomnieux et racistes. Nous nous sommes installés en banlieue parisienne dans le 91. Il venait de trouver un travail dans son secteur d'activité et moi au sein d'une entreprise. Le soir, après chaque journée au bureau, on se retrouvait à la salle de sport. Une petite routine s'est installée, nous étions heureux et amoureux.

Chapitre 15

Nouveaux défis

Chapitre quinze

Nouveaux défis

Suite à mon départ du corps de la gendarmerie, j'ai trouvé un emploi dans le civil en tant qu'agent de sécurité incendie pendant deux mois au sein d'un immeuble à la Défense. Au bout de ces deux mois, j'ai rencontré mon futur responsable, Cyril W. Il a vu en moi des compétences qu'il recherchait et m'a offert une chance unique d'intégrer son entreprise. J'ai pris mes premières fonctions de manager à 22 ans à peine. Je devais gérer une équipe de 40 personnes. Je n'avais pas d'expérience, pas de diplôme mais une envie de prouver que j'étais capable. Cette expérience m'a énormément appris et enrichi. J'adorais aller au travail, être dans l'échange, découvrir de nouvelles personnalités, des personnes de tous les âges. C'était évidemment un défi pour moi de manager autant de personnes à seulement 22 ans, surtout que la plupart avaient l'âge de mes parents. J'ai été recruté parce que j'avais un profil militaire, bon soldat. Ils savaient que j'avais une très grande force de travail et une résistance au stress, tout en obéissant aux ordres. Le salarié rêvé, en quelque sorte.

Au sein de ce travail, j'ai fait la rencontre d'une superbe personne, Colette. Cette dame avait commencé le même jour que moi en tant qu'agent et nous avons tout de suite noué des liens très forts. C'est une personne magnifique. Elle devait continuer à travailler car elle ne bénéficiait que d'une maigre retraite. Colette était mon pilier, elle m'a motivée les jours où j'étais un peu triste. J'ai beaucoup appris d'elle, sa générosité, son sourire, sa gaieté, son optimisme.

Fin 2014, j'ai été mutée sur un nouveau projet dans un grand centre d'art contemporain et moderne parisien. Je suis arrivée en période de chantier avant l'ouverture au public. J'étais chef d'équipe de jour. Dans le secteur de la securité, être une femme est loin d'être évident. Je subissais souvent des blagues sexistes, des insultes, des jalousies vis-à-vis du poste que j'occupais. On m'a assez vite fait comprendre que je n'étais pas à votre place. Je devais redoubler d'efforts pour me faire apprécier. J'essayais d'être à l'écoute de tout le monde, d'être à la fois empathique, bienveillante et ferme pour me faire respecter.

Souvent, je rentrais chez moi triste, agacée, fatiguée. En mai 2015, j'ai obtenu une évolution de poste fulgurante en prenant la responsabilité de toutes les équipes de sécurité et sûreté du musée. Ce n'était pas seulement un centre d'art contemporain mais aussi un lieu de débats, de colloques, de séminaires, de master classes, de spectacle vivant et de cinéma. Ce monde culturel me plaisait beaucoup. Cette expérience hors du commun, à 23 ans, était forcément un tremplin pour ma carrière.

Le responsable en interne de la sécurité du centre aurait pu choisir de recruter un profil plus senior, une personne plus expérimentée, plus diplômée. Mais il a parié sur moi, la petite Audrey, qui n'avait qu'un brevet des collèges. Il m'a fait confiance dès le départ. Je ne pouvais pas le décevoir. Tout le monde m'attendait au tournant, je le savais bien. J'ai signé mon contrat de cadre et j'ai commencé dès le lendemain. Étant donné que j'étais très jeune, j'étais facile à former, à formater à son image.

C'était plus facile qu'avec une personne de 40 ou 45 ans qui ne se serait pas forcément laissée faire. J'avais 130 personnes à manager (des agents, des chefs d'équipes, deux adjoints, une planificatrice). J'ai vécu cela à la fois comme une fierté, une revanche sur mes expériences passées et ma scolarité avortée. C'était une expérience unique, un défi fou à relever mais aussi une charge mentale monumentale.

Le métier de la sécurité est surtout un métier de surveillance continue et sans répit. J'ai vécu des moments durs et intenses, des nuits très courtes, pas ou peu de congés, pas de back-up pour me relayer. Le client étant très exigeant, je ne pouvais pas me permettre de flancher. En tant que chef de site, j'avais la responsabilité des biens et des hommes. Nous avions un turn-over assez important car la protection des œuvres nécessitait une vigilance accrue et une forte réactivité. Dès ma prise de poste, j'ai commencé à arriver très tôt le matin pour contrôler la tenue de chaque agent. Je devais m'assurer que chaque tenue soit propre et repassée. Les femmes devaient avoir les cheveux attachés et les hommes devaient être rasés.

J'assistais au briefing donné par le chef de poste ou son adjoint. Ils devaient donner les affiliations de poste ainsi que les consignes particulières. Je tenais à pratiquer un management humain et je passais du temps à m'intéresser aux problématiques de chacun. J'écoutais leurs histoires même un peu personnelles ou familiales.

Grâce à Monsieur W, mon mentor, j'ai appris énormément sur le milieu du luxe, le savoir être, le savoir vivre, la communication à adopter. J'ai pris confiance en moi, j'ai trouvé ma place. Mais le revers de la médaille c'est qu'il était d'une exigence folle envers moi. Il me faisait déplacer pour la moindre remarque, il me faisait travailler sans cesse sur la rédaction des process. Il me reprenait sur ma tenue, sur mon attitude. Parfois c'était usant. Il voulait me transmettre toutes ses connaissances pour que j'en tire le meilleur. Je prenais mon poste très tôt le matin. Le soir, vers minuit, j'étais encore là. J'allais le voir :

— Monsieur W., est-ce-que je peux rentrer chez moi maintenant ?

— Non, tant qu'on n'a pas fini, vous ne rentrez pas. Tant que je ne suis pas partie, vous ne partez pas non plus, me répondait-il froidement.

La pression était très rude. Je n'avais aucun répit. Il m'appelait tout le temps pour savoir où j'étais. Si je ne répondais pas, il continuait à m'appeler jusqu'à ce que je décroche. Dès le matin à 7 h :

— Vous êtes où ?

— Je suis sur la route, Monsieur W.

— À quel niveau ?

— Porte d'Orléans.

— Vous en avez combien de temps ?

— Je ne sais pas, trente minutes peut-être.

— Bien. Dès que vous arrivez, vous venez me voir dans mon bureau.

En réalité, la chance qu'il m'avait offerte

était son faire-valoir pour me traiter comme il faisait. Parfois, le midi, il me demandait :

— Audrey, allez m'acheter un sandwich.

Je revenais avec ce qu'il voulait, je lui donnais et quand il avait fini, il disait :

— Audrey, il était vraiment dégueulasse votre sandwich !

Moi je n'y étais pour rien. Mais je me prenais régulièrement des remarques cassantes et rabaissantes. C'était une relation de domination et de pouvoir, même si j'avais l'impression d'apprendre beaucoup de sa part. J'étais jeune et j'acceptais tout parce que je pensais que j'étais redevable. Je pensais qu'il m'avait donné ma chance à 24 ans. Je ne sais pas si c'était le syndrôme de stockholm mais je restais malgré la pression. Le seul moyen pour mon entreprise de me garder et de continuer à me faire subir toute cette pression, c'était de m'offrir des primes. Tout le monde était témoin de ce que je vivais à travers ce contrat de bonne réputation pour l'entreprise prestataire.

J'étais passé d'une absence de figure paternelle à une présence paternaliste absolue. Il était aussi omniprésent que mon père avait été absent. Ma faille, malgré mon caractère combatif, mon assurance et mon sens du devoir, était évidemment ce manque d'amour du côté de mon père. Je ne sais pas dans quelle mesure il l'a détecté sans le savoir mais il s'est engouffré dans la faille. J'avais trouvé en lui, un repère, un cadre, un réconfort, et j'acceptais tout sans broncher.

Pendant ce temps-là, F. pensait que je le trompais. Je passais ma vie au travail, pour lui c'était dur à comprendre. Lui, il voyait le travail comme un moyen de payer ses factures, pas comme le lieu d'un accomplissement total. Il faisait ses 35 h, il coupait tout dès qu'il quittait son entreprise. On n'avait pas du tout la même vision du travail et ça nous a beaucoup éloignés. Il ne comprenait pas pourquoi je continuais à subir cette pression au quotidien. Il ne me posait pas de questions sur mon travail car ça l'agaçait vraiment de me voir dans cet état-là. " Pourquoi tu ne démissionnes pas ?" "Combien de temps tu vas continuer à subir ce chef tyrannique ?" Il ne savait plus quoi me dire pour que je mette un terme à ce travail qui me détruisait. Alors il a arrêté de chercher à me faire changer. En parallèle de ce travail très prenant, j'ai passé mon Bac à 25 ans via une VAE

(Validation d'Acquis d'Expérience). Je n'avais le temps de rien en dehors du travail et de la préparation du BAC. Je n'avais pas de vie sociale. Je redoublais d'effort pour prouver que j'étais capable d'avoir ce fichu BAC. C'était très important pour moi et j'ai complètement arrêté le sport pour me concentrer sur le diplôme et mon travail. Je n'avais goût pour rien d'autre. Je n'avais que cela en tête, mon travail et le BAC.

Durant toutes ces années, j'ai dû gérer le service de sécurité pour des visites privées de chefs d'État, de ministres, de chefs d'entreprise. J'ai vu à plusieurs reprises Emmanuel Macron et sa femme, Bernard Arnault, des stars aussi. Il fallait que tout soit parfait et la pression reposait sur mes épaules. Mon client me disait parfois “panachez-moi cette entrée !”. Cela voulait dire qu’à l’entrée du musée, il souhaitait dans la mesure du possible “un gaulois, un maghrébin et un africain”. Il fallait que dès les portes d’accueil, les gens aient une impression de mixité afin de pouvoir accueillir les visiteurs dans de bonnes conditions. Le métier de la sécurité n’est pas incompatible avec celui de l’accueil, les agents en poste ont très vite saisi la difficulté du métier dans le domaine du luxe.

Fin 2016, j'ai obtenu mon BAC et mon SSIAP 3. J'étais épuisée moralement. Je n'arrivais pas à déconnecter du travail le soir, ni le week-end et encore moins pendant mes vacances. Je n'arrivais pas à déléguer mais, heureusement, j'avais deux adjoints incroyables Julien et Anthony. Le turn over dans l'équipe des adjoints de sécurité était très important. Nous n'arrivions pas à garder les gens et j'étais épuisée de devoir former de nouvelles personnes à chaque fois. Mais grâce à Julien et Anthony, je trouvais du réconfort et de l'amitié. On était très soudés.

Malgré leur soutien, ce rythme effréné a fini par avoir raison de moi et j'ai craqué.

Chapitre 16

Famille éclatée

Chapitre seize

Famille éclatée

Parallèlement à ces nouveaux défis professionnels, j'ai continué ma vie avec F. Nous avions eu beaucoup de mal à trouver un appartement à louer en région parisienne, à cause de nos origines. On nous refusait tous les logements alors qu'on avait de bons revenus et des garants. C'était incroyable. Un jour, un propriétaire nous a même dit “la Martinique, c’est pas la France ça !” On nous a fermé les portes, c’était dur.

J’avais beaucoup de mal à supporter tous ces propos racistes mais F. intériorisent beaucoup. Il ne voulait pas de conflit alors il ne disait rien jusqu’à ce qu’il explose. Alors, là, il commençait à marmonner des insultes en créole.

Heureusement, un jour on a rencontré une dame, dans une agence immobilière à Morangis, qui adorait les Antilles, elle était proche de la retraite et elle voulait partir passer le reste de sa vie là-bas.

Elle s'est tout de suite très bien entendue avec F. alors elle nous a trouvé un très bel appartement standing. Elle nous a fait totalement confiance.

J'étais assez heureuse à ce moment-là parce que j'avais enfin une situation stable. Je me disais “ça y est j'ai coché toutes les cases que je voulais cocher”. J'avais un conjoint, un CDI, un appartement. J'avais même réussi à lui faire accepter d'adopter un petit chat. Tiger, c'était le pompom sur la Garonne. Je me sentais en sécurité. Je n'avais pas ce besoin de vivre plein d'expériences avec des hommes. Je sentais que c'était le bon et j'étais très heureuse comme ça. Je sais que ce n'est pas ce que les filles de cet âge là espèrent mais dans mon cas, c'était tellement loin de ce que j'avais connu dans mon schéma familial que j'idéalise vraiment notre vie. À 30 ans, j'ai décoché les cases une par une.

Lorsque F a rencontré mon père pour la première fois, l'ambiance était très gênante. J'appréhendais beaucoup ce moment. Comment allaient-ils s'entendre ? De quoi allaient-ils parler ? Je connaissais bien le comportement très réservé, voire froid de mon père.

Nous étions assis ensemble au restaurant et mon père ne savait pas quoi dire à F. Il y avait beaucoup de blancs, il ne lui posait aucune question. Il était mal à l'aise, et moi encore plus je crois. Heureusement que F. est quelqu'un de très sociable qui sait rebondir pour relancer la conversation. Et puis, il ne l'a pas mal pris parce qu'il avait eu les mêmes relations avec son père. Le repas s'est très vite terminé et nous avons repris nos vies chacun de notre côté. Avec ma mère, la relation était beaucoup plus fluide et naturelle. Il était très proche d'elle. Elle l'a tout de suite adoré.

À ce moment-là de ma vie, mes relations avec ma famille restaient assez lointaines. J'appelais bien-sûr ma mère une fois par semaine pour lui donner des nouvelles mais je n'avais plus vraiment de contact avec ma sœur et mon frère. Partir en région parisienne m'avait fait prendre mes distances en même temps que ma liberté. Je devais m'éloigner pour me construire individuellement. Parfois, on n'a pas d'autre choix que de rompre un peu les liens avec notre famille pour avancer seul.

C'est ce que mon frère a fait aussi. À cette période-là, il a commencé à s'intéresser à la religion. Il a rencontré des copains d'école qui lui ont fait découvrir la religion musulmane. Il a trouvé une communauté, un cadre, comme une autre famille. Il s'est marié à 20 ans mais sa femme a demandé le divorce un an après. Très rapidement après, il a rencontré une femme incroyable avec qui il a eu une fille. C'est une ancienne bouddhiste thaïlandaise qui s'est aussi convertie à l'islam et ils forment un couple magnifique.

Nous étions très inquiètes avec ma mère par rapport à son attirance soudaine pour l'islam. Ma mère est même allée à la gendarmerie pour demander aux gendarmes de le surveiller, de faire attention à lui. On avait une peur bleue qu'il parte faire le djihad en Syrie. Il était une proie facile à cette époque car il était encore jeune et totalement perdu. En manque de repère et de confiance en lui, il aurait pu très facilement se faire embrigader. Mais aujourd'hui, quand on voit comme il est guéri, comme il a trouvé son chemin, on est heureux pour lui. La religion l'a sauvé quoi qu'on en pense. Il n'est pas du tout extrême dans ses croyances, il est mesuré. Il a suivi les bonnes personnes mais comme il ne se confiait pas du tout, on a vraiment cru qu'il se radicalisait. Il cherchait simplement son identité. Nous sommes issus d'une famille chrétienne mais notre nom de famille étant "Hamouchi", nous avons eu droit à beaucoup de remarques déplaisantes dans notre jeunesse. "Pourquoi tu manges du porc alors que tu t'appelles Hamouchi ?", "Mais alors t'es chrétien alors que t'as un nom arabe ?", "Pourquoi tu fais pas le ramadan ?" Tout cela lui a fait perdre la notion d'identité. Il ne savait plus qui il était, à quelle religion il appartenait. Il fallait toujours rentrer dans une case. Le poids de la société dans ces questions d'appartenance religieuse nous a beaucoup usé. On n'y attachait pas beaucoup d'importance mais les gens nous rappelaient qu'on devait se situer quelque part. Je n'ai pas tenu compte de tous ces propos mais mon frère oui. Il s'est beaucoup intéressé à toutes les religions mais c'est dans l'islam qu'il a trouvé sa réponse.

Je crois que le plus important dans ce genre de situation, c'est la communication. Comme dans tous les sujets profonds, quand on ne communique pas assez, on laisse la place aux préjugés, à la peur et à la méfiance.

Chapitre 17

Tout pour le travail

Chapitre dix-sept

Tout pour le travail

Avec F., ma vie glissait lentement mais sûrement dans une forme de routine rythmée par le travail qui prenait toute la place. J'étais beaucoup trop loin de mon bureau et cela me fatiguait beaucoup. Nous avons donc déménagé en 2014 pour avoir un appartement un peu plus grand et nous rapprocher de Paris.

J'ai laissé peu à peu ma vie sociale de côté. Je n'avais plus de contacts avec mes anciens collègues gendarmes. J'avais préféré couper les liens. Je travaillais énormément, ce qui ne laissait pas de place aux sorties entre amis. Dès que j'avais un peu de temps, je ne pensais qu'à me reposer. Le rythme professionnel avait un réel impact sur ma vie sociale. Je ne voyais pas que je sombrais lentement dans une profonde dépression.

Heureusement, grâce à nos revenus, nous avons eu la chance de pouvoir voyager. L'année 2015 a apporté une grande respiration dans nos vies. Nous sommes beaucoup partis à l'étranger cette année-là. En février, nous avons visité Barcelone. En mars, nous sommes partis en Italie découvrir Pise et Florence. Au mois d'août, nous sommes allés à Londres puis, nous avons fini l'année en Martinique pour fêter Noël.

C'est aussi l'année où j'ai rencontré Sonia. Elle vivait dans la même résidence que nous. Au début, je n'osais pas l'aborder, pas par timidité mais parce que je me disais qu'elle n'avait sûrement pas le temps de créer un lien d'amitié avec moi. Elle était également en couple et nous partagions la même passion pour la moto tous les quatre. F m'avait offert mon permis moto pour que l'on puisse accéder plus facilement à Paris sans perdre de temps dans les bouchons. J'ai d'ailleurs eu beaucoup d'accidents sur le périphérique ou en ville par manque de confiance. Pourtant, j'étais plutôt fière d'avoir eu mon permis et de rouler en couple.

Sonia était également motarde. Un soir, on s'est croisées dans le box pour ranger les motos. Elle est venue me parler et tout s'est enchaîné. Elle est devenue plus qu'une voisine, elle est devenue ma confidente, mon amie. Le soir, lorsque je rentrais du travail, je partais la rejoindre pour promener son chien. Les week-ends, nous étions toujours ensemble. Une belle amitié commençait à se créer entre nous. Sonia était solaire, généreuse. Elle avait le cœur sur la main. Nous avions le même âge, les mêmes goûts, que ce soit pour la nourriture, les vêtements, etc. Elle a été une de mes plus belles rencontres en région parisienne.

En 2016, nous sommes partis à Malte

avec Sonia, son mari et F. C'était la première fois que nous partions en vacances en couple. Nous en gardons tous un très bon souvenir même s'il y a eu des petites frictions sur la fin.

Malgré cette nouvelle amitié et les quelques vacances que nous nous accordions, l'année suivante a été surtout rythmée par le travail. Quand j'étais en congé, j'étais sans cesse dérangé par le travail. Souvent, je restais à la maison à ressasser les événements. Lentement, j'ai sombré.

Chapitre 18

Quand le bateau coule

Chapitre dix-huit

Quand le bateau coule

—

Quelques fois, lorsque je rentrais tard du bureau, je n'avais qu'une seule idée en tête, avoir un accident sur la route et pouvoir me reposer à l'hôpital. J'avais énormément d'idées noires qui me traversaient l'esprit. Je ne voulais pas mourir mais juste être blessée et que l'on me fiche la paix. Je rêvais qu'on me laisse dormir pendant des journées entières et qu'on prenne soin de moi. Je commençais très tôt le matin et je ne savais jamais à quelle heure j'allais pouvoir rentrer le soir, en fonction des évènements prévus sur le site. Il m'arrivait de faire des journées de 17h sans compter les embouteillages sur la route.

J'ai commencé à sombrer quand j'ai senti que je n'avais plus envie de rien. Je ne voulais plus me lever le week-end pour sortir. Même faire des courses ou des tâches du quotidien me semblait insurmontable. J'étais dans mon lit, je n'arrivais pas à réfléchir. Mes yeux étaient fixés sur le plafond, figés, comme si j'étais morte à l'intérieur. Je me levais pour prendre une douche et m'habiller et c'était déjà beaucoup.

L'emprise et le harcèlement au travail ont profondément affecté ma vie personnelle. J'étais détruite. Je ne me reconnaissais plus. Je n'avais plus goût à rien. Dans cette chute vertigineuse, j'ai pu compter sur Sonia. Je me confiais beaucoup à elle. Elle avait vécu la même chose que moi, des heures de travail à ne plus compter et un burn-out. Elle avait un bac+5 dans l'aéronautique et déjà de grandes responsabilités à 25 ans. À la veille de mes 25 ans, en 2017, j'ai décidé de tout arrêter. Je n'arrivais plus à me lever, je passais les weekends à dormir, à ne vouloir voir personne. Mon corps m'a dit STOP d'un seul coup, il m'a rappelé à l'ordre puisque mon cerveau ne voulait rien entendre. Je n'étais plus que l'ombre de moi-même.

Si j'étais restée aussi longtemps dans cette situation professionnelle tyrannique, c'était parce que je ne savais pas ce que je pouvais faire d'autre. Je n'avais aucune certitude sur l'avenir, et là, au moins, je gagnais très bien ma vie. J'étais complètement prisonnière de la situation. C'était comme un couteau sous la gorge. Entre-temps, ma mère devait subir une opération du cœur sur Toulouse. J'ai alors demandé une mutation sur l'agence de Toulouse pour me rapprocher d'elle. Ils ont accepté que je parte pour des raisons familiales.

En mai 2017, nous avons acheté une petite maison à Toulouse, à 10 minutes de mon travail. Je ne cessais de répéter à F. "tu vas voir, le rythme sera beaucoup plus tranquille. Je ne rentrerai plus aussi tard. Ça va nous changer la vie". Il me regardait avec un mélange d'espoir et de résignation. Peut-être que je disais cela pour me convaincre moi-même.

J'ai intégré une agence en plein développement. Il fallait développer la partie commerciale. Lorsqu'un nouveau client signait un contrat de sécurité avec nous, j'étais en charge du recrutement d'agents, de la gestion matériel et humaine, de la mise en place de process de travail, etc. J'avais une dizaine de clients dans toute l'Occitanie (des musées, des cinémas, des entreprises, des magasins). J'étais tout le temps sur la route, complètement dévouée à la résolution des problématiques des clients, des agents et je suis retombée dans les mêmes travers que dans mon précédent poste. Ma vie personnelle était encore entre parenthèses. La seule satisfaction que je trouvais dans ce poste, c'était de m'habiller le matin, de me regarder dans le miroir en me disant que j'étais la seule femme cadre de l'entreprise en France. Je n'avais toujours pas d'équilibre entre ma vie professionnelle et personnelle mais j'étais fière d'occuper ce poste. La valorisation et la reconnaissance professionnelle m'apportaient peut-être plus de satisfaction que la vie sociale ou personnelle, même si je ne pouvais pas l'admettre.

Néanmoins, les préjugés misogynes et racistes ont continué à me poursuivre en arrivant dans cette nouvelle entreprise. Tout recommençait à zéro. Les remarques sexistes, les commentaires désobligeants sur mes capacités, les efforts incommensurables à fournir pour me faire respecter. Quelques jours après mon arrivée, lors d'une réunion, mon chef m'a dit :

— Bon, Audrey, on ne va pas te confier la gestion de la sécurité du métro. C'est trop complexe, trop masculin.

Tu n'y arriveras pas.

Le fait d'être une femme m'a très souvent desservie dans ce secteur. Les agents de sécurité du métro étant à 90 % composés de maghrébins ou d'autres nationalités africaines, mon chef à ajouté :

— Ils ne voudront jamais être managés par une femme d'origine algérienne.

J'ai aussi eu droit à des remarques sur le fait que j'avais sûrement eu le poste par "promotion-canapé" comme on dit poliment. J'ai fait face à beaucoup de préjugés de ce genre dans ma carrière. D'ailleurs, au début, mon directeur ne m'appréciait pas beaucoup. Il pensait que, puisque j'étais une femme, il ne pouvait pas me faire confiance ou travailler avec moi. Comme toujours, j'ai fini par faire mes preuves et un jour, il m'a avoué : "tu sais, Audrey, au début je ne pensais pas que je pourrais travailler avec une femme. Mais j'ai changé d'avis avec toi." J'ai quand même dû redoubler d'efforts pour me faire accepter. Mon chef faisait son travail et n'avait aucun scrupule à tout arrêter une fois qu'il sortait du bureau alors que je restais toujours joignable, 24/24 et 7/7. De son côté, F avait démissionné. Il souhaitait que je trouve un équilibre et un rythme plus tranquille mais je n'y arrivais manifestement pas. Je ne savais pas faire autrement que de travailler encore et encore.

En décembre 2017, j'ai rejoins F. en Martinique pour quelques jours de vacances.

C'est là que je lui ai annoncé que j'étais enceinte de six semaines.

Chapitre 19

La maternité, un choc

Chapitre dix-neuf
La maternité, un choc

Cette grossesse était profondément désirée. J'avais commencé mon nouveau poste depuis sept mois seulement quand je suis tombée enceinte. Un matin, j'étais décidé. J'allais l'annoncer à mon responsable et à mes collègues. Sur la route, je sentais le stress monter. J'avais peur qu'ils n'accueillent pas cette nouvelle avec une explosion de joie. Et j'avais raison. Je suis arrivée au bureau, j'ai demandé à parler à l'équipe réunie. Fébrile, et en regardant le sol, j'ai annoncé ma grossesse. Aucune réaction. Aucune empathie. Immédiatement, un sentiment de honte et de culpabilité m'a envahi. Je percevais bien les regards fuyants, les yeux qui regardent ailleurs, les mots qui ne viennent pas. À peine un timide "félicitations" et chacun est retourné à son poste. J'ai décalé mon congé maternité le plus possible, j'ai même continué à travailler pendant le congé qui précède l'accouchement.

Je n'ai eu aucun moment de répit pendant ces neuf mois.

J'ai continué mes itinérances en me persuadant que je devais redoubler d'effort, qu'une grossesse n'était pas une maladie. Je me sentais forte mais pas du tout heureuse. Je me rendais compte que je retombais dans les travers du passé. Je n'avais aucune envie de sortir ou de rencontrer des gens. Je faisais encore passer mon travail avant mon couple, avant moi-même et surtout avant la grossesse dont je n'ai pas du tout profité pleinement. C'est une des choses que je regrette beaucoup aujourd'hui. Puisque ma grossesse était facile (à part un peu de nausée au 1er trimestre, je n'ai pas à me plaindre), je n'ai pas pris le temps de profiter de toutes les étapes, ni de me reposer. Je ne passais pas des heures à regarder mon ventre rond, ni à poser mes mains dessus pour sentir ma fille bouger et entrer en contact avec elle par l'haptonomie. Je n'ai presque pas suivi les cours de préparation à l'accouchement, encore pratiqué le yoga prénatal ou que sais-je encore. Je ne savais pas ce qui m'attendait avec l'accouchement et le post-partum. Si j'avais su, je me serais vraiment arrêtée pour faire le plein d'énergie et de sommeil. En parallèle, nous avons acheté une maison à quelques kilomètres de mon travail. Notre nouveau nid était prêt à accueillir notre bébé.

Iris a pointé le bout de son nez en août 2018. Je n'ai ressenti aucune contraction ni pendant ma grossesse, ni pendant mon accouchement. Nous sommes arrivés à la maternité à 11 h 00, après que j'aie fissuré la poche des eaux. C'est la journée la plus interminable de toute ma vie. À la maternité, j'avais l'interdiction de manger quoi que ce soit. Mais pendant ce temps-là, F. dégustait un gros sandwich au poulet devant moi. L'équipe médicale a décidé de me déclencher en pleine nuit, à 2 h 50. Le dosage de la péridurale était beaucoup trop fort. J'étais là mais pas vraiment là. Je ne sentais plus aucun de mes membres, même pas mes orteils et Iris restait bloquée dans le bassin. Les infirmières ont dû la faire sortir à l'aide de cuillères. Juste après, j'ai senti une violente pression sur mon ventre. Je ne comprenais pas pourquoi puisqu'elle était née. Le médecin avait appuyé très brutalement pour faire sortir le placenta. J'avais le souffle coupé. Il ne m'avait absolument pas prévenu qu'il allait effectuer ce geste. Ces violences obstétricales et gynécologiques lors des accouchements arrivent à de nombreuses femmes et je garde un très mauvais souvenir de cet accouchement. J'étais épuisée. Je m'étais tellement imaginée mon accouchement autrement. J'avais rêvé d'une naissance en douceur, d'une connexion immédiate, d'un coup de foudre instantané. Tout ce qu'on nous vend dans les films et les publicités. Mais cela ne se passe jamais comme on l'imagine.

Je suis remontée dans ma chambre en fauteuil, avec ma fille sur moi et F. est rentré à la maison. Cette première nuit à la maternité m'a complètement bouleversée. Outre le fait d'être seule, je n'avais plus de force, je n'avais qu'une envie c'était de dormir. Iris était dans son petit berceau à côté et je n'arrivais même pas à la regarder. "Qu'est-ce-que j'ai fait ! Je suis mère, ça y est. Est-ce-que je rêve ? Est-ce-que je vais me réveiller ?" Je n'avais pas la force de la prendre dans mes bras. Je pensais que pour cette première nuit, elle aurait été en pouponnière mais non elle était là et elle me regardait. D'un seul coup, elle s'est mise à pleurer, j'étais terrifiée, démunie. Je ne savais absolument pas quoi faire. J'ai senti une montée d'angoisse alors j'ai appelé une infirmière afin d'avoir du soutien. Elle m'a ramené un biberon de lait et m'a demandé de lui donner, il devait être 5 h du matin.

Iris me regardait avec les yeux grands ouverts. Elle buvait son biberon en me fixant et dans ma tête plusieurs émotions se mélangaient : le doute, la tristesse, l'anxiété, la peur et surtout un très grand stress mélangé à une immense fatigue.

Le lendemain matin, j'ai reçu un appel du travail. Comme une bonne salarié consciencieuse, j'ai décroché :

— Salut Audrey. On a un problème d'effectif d'agent au musée. Il faut que tu règles le problème.

— Salut. Euh, c'est impossible, j'ai accouché dans la nuit. Je suis à la maternité là. Appelez mon collègue, moi je ne peux rien faire.

— Il ne répond pas. Il nous avait dit de voir avec toi s'il y avait un problème.

Cette discussion me paraissait surréaliste alors que j'avais mon bébé de quelques heures à côté de moi. J'ai ressenti un manque de respect total. Et cela a continué jusqu'à ce que je démissionne.

Quelques heures après, ma mère est arrivée à la maternité. Voir ma fille et ma mère à côté pour la première fois m'a fait pleurer instantanément. Je n'étais plus seulement la fille de ma mère, j'étais maintenant mère à mon tour. Mais je ne réalisais toujours pas. Je l'ai vu s'approcher du berceau d'Iris et j'ai craqué. J'étais soulagée de la voir pour qu'elle prenne le relais. F est arrivé quelques heures après et s'est également occupé de notre bébé. Mais je voyais le début de la nuit arriver et me retrouver seule avec ce petit être me faisait très peur.

J'ai passé trois jours à l'hôpital puis nous sommes rentrés à la maison. Une sage-femme continuait à passer pour vérifier mes points de suture. J'arrivais à peine à aller aux toilettes. La réalité du post-partum est bien loin de ce qu'on imagine. On ne sait absolument rien. Aucune femme n'est préparée à cela en réalité. J'avais une douleur à chaque fois que je prenais une douche.

Les jours qui ont suivi n'étaient guère mieux, je pleurais tous les jours.

Iris aussi d'ailleurs. J'ai connu un profond baby blues. Je me suis sentie dépassée par les évènements. J'ai eu de grandes difficultés à créer un lien d'attachement avec ma fille. Prendre soin de moi n'était même pas sur la liste des priorités. J'étais inquiète tous les jours, paralysée par la crainte que quelque chose de terrible arrive. J'ai appris plus tard que c'était un état d'hypervigilance assez commun à toutes les mères. Un réflexe archaïque de survie et de protection pour son bébé. Je n'arrivais pas à dormir. Je sombrais complètement. J'étais épuisée et pas encore remise de mon accouchement.

Le baby-blues a commencé à se transformer en dépression post-partum. J'étais persuadée que j'étais une mauvaise mère. Le manque de sommeil m'avait fait perdre toute énergie, toute confiance en moi. Je n'avais envie de voir personne. Mon bébé perdait du poids de jour en jour. Elle avait un RGO et une intolérance au lactose. Nous devions changer de lait tout le temps pour trouver le bon. Nous n'étions pas préparés à ce bouleversement autant pour nous-même que pour notre couple.

F. a pris son congé paternité quelques semaines après et a repris le relais durant les nuits. Au début du mois de novembre, Iris avait deux mois. J'ai dû reprendre le chemin du travail sans motivation. Je n'avais aucune envie de rattraper le retard, de retrouver mes clients. Iris était gardée 50 h / semaine chez une assistante maternelle, je la déposais le matin à 8 h 00 puis je partais la récupérer à 18 h 00. Mais quelques fois, il m'arrivait de la ramener au bureau le soir ou le week-end afin de pouvoir régler des incidents sur place. À peine rentrée, le quotidien s'enchaînait jusqu'au coucher et aux réveils multiples de la nuit. J'étais réveillée soit par les pleurs d'Iris soit par mon téléphone professionnel. Le lendemain, le rythme effréné du travail recommençait et je n'arrivais plus à suivre. Je me sentais coupable de ne pas profiter de ma fille, de ne pas la voir grandir. Mon état d'esprit s'embrumait de plus en plus, je devenais étais aigrie de tout. Je passais mon temps à pleurer dans ma voiture ou chez moi. Je n'avais plus le temps ni la force de faire du sport. J'ai commencé à prendre beaucoup de poids. Je ne savais pas comment tout cela allait finir. Je me rendais compte que j'étais encore en burn-out, que je n'avais pas réglé les problèmes de mon ancien travail. Et qu'à ceux-là était venue s'ajouter le début d'une dépression du post-partum.

Lors du baptême d'Iris, j'avais dit à mon employeur que je ne pourrais pas répondre au téléphone. Nous étions en famille tout le week-end mais ils m'ont quand même contactés. Je devais gérer les invités, ma fille, et les problèmes d'exploitation à distance sur mon ordinateur dès 6 h du matin. La messe commençait à 11 h, je me revois en train de me dire que c'était un cauchemar et que je ne savais comment j'allais passer la journée avec ce stress et de pression.

Mon téléphone professionnel continuait à sonner tous les soirs, presque toutes les nuits. Je voyais l'écran s'allumer dans le noir et je sentais mon cœur s'accélérer. J'allais me cacher aux toilettes pour que mon compagnon ne m'entende pas répondre au téléphone. C'était impossible à gérer à long terme. Je perdais le goût de la vie, je ne savais même plus pourquoi je me levais. J'étais devenu un robot. En octobre 2019, j'ai demandé une rupture conventionnelle parce qu'il devenait urgent que je me repose.

Je regardais ma vie, ma famille, je voyais tout se déliter mais je ne savais pas quoi faire pour que tout s'arrange. J'avais involontairement mis ma famille de côté durant ces dernières années. J'étais très souvent désagréable, asociable. Je parlais mal à F. Je lui manquais de respect, j'étais difficile à vivre. Mais tout cela était lié à mon état de fatigue très avancé et à ma dépression, qui est une vraie maladie à prendre en charge. Je culpabilisais beaucoup parce que je me désinvestissais de ma vie de famille. Je ne suis pas sûre que cette situation aurait été la même si j'avais été un homme. Je devais jongler entre tous mes rôles, je me sentais mauvaise partout. Cette culpabilité qui repose sur les mères qui ont un travail prenant est typique du dysfonctionnement du système dans notre pays. Je me sentais coupable de ne pas répondre à un mail à 23 h mais aussi de ne pas pouvoir donner le biberon la nuit. Les deux chefs avec lesquels je travaillais n'avaient évidemment pas la même culpabilité. Leurs femmes ne travaillaient pas, elles étaient femme au foyer pour élever les enfants. Personne ne trouve cela choquant. Mais quand on est une femme et qu'on devient mère, on ne peut pas être parfaites partout. La charge mentale qui pèse sur les femmes est beaucoup trop importante. J'ai le sentiment qu'on m'a volé tous les moments de ma vie avec ma fille pendant ses deux premières années. Je ne savais pas comment m'occuper d'elle, je ne prenais pas le temps de créer un lien. J'étais beaucoup trop sur les nerfs pour construire une relation d'amour avec elle.

Ce que j'avais vécu dans mon enfance et mon adolescence avait eu un impact dans ma façon de gérer mes émotions, dans mon besoin de toujours être forte, de sécuriser les situations le plus possible. Les traumatismes du passé ressurgissaient sans que je m'en aperçoive concrètement. On ne m'avait jamais montré comment exprimer mes sentiments. Je n'avais jamais pu dire quand je n'allais pas bien. Je me suis toujours mise de côté pour aider ma mère, pour faire face aux comportements violents ou difficiles de mon père. J'avais trouvé un refuge dans le sport et la maternité a tout fait exploser. Simone de Beauvoir avait écrit "on ne naît pas femme, on le devient." Mais plus tard, Élisabeth

Badinter a repris cette phrase en la modifiant un peu, elle avait écrit : “on ne naît pas mère, on le devient”. Je sais que je ne rattraperai jamais les deux premières années avec ma fille et j’ai beaucoup de regrets par rapport à cela. Mais, j’en étais simplement incapable. Quand on devient mère, tout le passé revient avec. Les relations qu’on a eu, ou qu’on n’a pas eu, avec sa propre mère influent nécessairement sur notre façon de créer un lien avec notre bébé. Je ne crois plus à la rencontre magique qu’on nous vend dans les publicités. Il faut être réaliste ; s’occuper d’un bébé c’est plus de l’épuisement physique et moral qu'autre chose. Je ne dis pas qu'il n'y a pas des moments fabuleux mais c'est surtout beaucoup de fatigue, d'hypervigilance, d'abandon de soi. Et puis, il faut d'abord se remettre de la grossesse et de l'accouchement. La société telle qu'elle est organisée ne nous en donne pas le temps. Dans mon secteur d'activité, on ne m'a pas aidé non plus à prendre le temps. Aujourd'hui, ma fille a cinq ans et le lien est très fort. J'ai réussi à rattraper un peu les années perdues.

J'avais une pression permanente au travail et à la maison. Je pensais que je n'avais pas le choix, que tout allait s'écrouler si j'arrêtais. Je voulais sécuriser la famille pour que ma fille ne manque de rien. Mon salaire était la seule raison de continuer. Au fond, je voulais surtout être indépendante financièrement. Je ne voulais rien devoir à personne. J'avais vu ma mère galérer et je ne voulais surtout pas reproduire le même schéma. Elle avait pu reprendre son indépendance lorsqu'elle avait commencé à travailler. Mais plusieurs années plus tard, elle avait rencontré un autre homme. Ils avaient emménagé ensemble. Un jour, il l'a quittée, il a emporté tous les meubles de la maison et elle s'est de nouveau retrouvée sans rien. Je lui ai acheté tout ce qu'elle n'avait plus, un lit, un canapé, une TV, etc. Mais cette histoire m'a marquée. Je me disais que si je voulais partir un jour, il fallait que je puisse me débrouiller seule et ne surtout pas compter sur l'argent d'un homme.

Iris avait un peu plus d'un an et j'avais raté trop de moment avec elle. F m'a accompagnée dans ma démarche de rupture conventionnelle. Son soutien m'a beaucoup rassuré. "Repose-toi Audrey. C'est le plus important", me disait-il tous les jours. Je n'avais plus vraiment la force de réfléchir de toute façon. Il voyait bien que je ne jouais pas la comédie. Il a énormément pris le relais lorsque je n'allais pas bien. Il était très à l'écoute et m'a aidée à lever le pied pour cesser de travailler dans cette entreprise. Je préparais Iris pour la journée, je la déposais chez son assistante maternelle puis je rentrais à la maison. Je me recouchais et je passais la journée à dormir. J'avais réellement besoin de faire une cure de sommeil. Je me sentais encore coupable de la laisser chez sa nounou alors que je rentrais à la maison mais il le fallait. Au bout d'un mois, le naturel est revenu au galop.

Je me sentais coupable de ne pas travailler et j'avais peur de ne plus jamais rien trouver. Nous vivions confortablement avec mon salaire et le sien et nous savions que le rythme serait différent, qu'il y aurait des concessions à faire. Perdre mon travail n'était pas envisageable. Même si mon état de santé passait avant tout, nous avions des obligations financières. Je n'arrêtais pas de tourner ces questions dans ma tête, toute la journée et toute la nuit. Quand je ne dormais pas, je pensais à ce que je pourrais faire de ma vie. Ce qui était sûr c'est qu'il était hors de question que je redevienne cadre, que je fasse des journées interminables. Hors de question que je travaille la nuit ou le week-end.

Quand j'ai eu à nouveau un peu de force et de motivation, j'ai ouvert mon ordinateur et j'ai commencé par trier les offres d'emploi. Je choisissais uniquement ce qui me plaisait en termes d'équilibre. J'ai fini par être embauchée dans un groupe mondial à la fin du mois de décembre 2019. Le poste proposé me convenait bien. Il était toujours en lien avec l'opérationnel mais dans le secteur de l'environnement. J'avais des horaires fixes, des avantages sociaux et une équipe très sympathique.

Je venais d'avoir 28 ans. Cette année-là, j'ai commencé pour la première à souffler dans ma carrière. J'étais étonnée de partir à l'heure le soir, de ne pas avoir de travail à ramener, de ne plus craindre la sonnerie de mon téléphone. Toutes mes expériences précédentes avaient laissé des séquelles psychologiques profondes. Il m'a fallu plusieurs mois pour me remettre de ces années traumatisantes.

C'est aussi à partir du moment où j'ai débuté ce nouveau travail que ma vie sentimentale a complètement basculé.

J'ai repris goût à la vie en retrouvant un équilibre entre ma vie professionnelle et ma vie personnelle. En sortant peu à peu de la dépression, je me suis réveillée et je n'étais plus la même.

Chapitre 20

À la croisée des chemins

Chapitre vingt
À la croisée des chemins

Comme presque tous les soirs, j'étais avec F. en train de regarder la TV en mangeant une pizza surgelée quand il s'est tourné vers moi :

— Ce serait peut-être bien qu'on se marie pour officialiser un peu les choses. Pour la maison, la petite, les papiers, tout ça, non ? Qu'est-ce-que t'en penses ?

— Ben ouais, pourquoi pas. Si tu veux je vais me renseigner à la mairie demain ?

Quelle demande en mariage catastrophique ! Est-ce-qu'on peut faire moins romantique ? J'avais toujours rêvé de me marier mais lui avait toujours refusé. Jusqu'à ce fameux soir, devant la TV et la pizza surgelée ! Ma première réaction sur le moment était plutôt positive : "enfin, il me parle du mariage !" mais en y repensant plusieurs mois plus tard, je me disais "mon dieu mais cette demande en mariage était à l'image de notre couple, éteinte, pas du tout vibrante." Je lui ai même reproché plus tard lors de notre séparation. Comment on peut demander sa femme en mariage (ce n'était même pas vraiment une demande d'ailleurs) devant la TV ? Qui fait ça ?

Malgré cette non-demande en mariage, nous avons fixé une date et j'ai commencé à m'occuper des préparatifs. Je rencontrais le traiteur, le photographe, je faisais des demandes de devis. Bref, rien de passionnant.

La date du mariage approchait à grands pas. Nous étions en avril et le jour J devait avoir lieu le 10 juillet. Je devais réfléchir à la coiffure que j'allais me faire faire pour l'occasion. Une de mes amies m'a parlé d'une coiffeuse qui pouvait me donner des idées sur mes cheveux. Elle avait l'habitude de coiffer des mariées et de se déplacer sur les lieux. J'avais déjà réservé une autre coiffeuse, mais je n'avais aucune idée de ce que je souhaitais. J'avais les cheveux très longs, une couleur et une épaisseur à travailler. Je savais qu'il valait mieux l'avis de deux professionnels. J'ai donc pris rendez-vous au salon dont mon amie m'avait parlé, situé dans le centre-ville de Toulouse. C'était le printemps 2021. Nous commencions tous à revivre à peu près normalement après l'année de Covid. Comme la nature qui renaît après un long hiver, je m'ouvrait à nouveau aux autres, je voulais aussi renaître de mes cendres de mère. C'est là que j'ai rencontré Sophie.

S'il y a bien une chose que je n'aime pas, c'est aller chez le coiffeur. Beaucoup de femmes y trouvent du plaisir. C'est un rituel rien que pour elles et elles l'attendent avec impatience. Moi, c'est tout le contraire. Je n'apprécie pas que l'on me touche les cheveux. En général, je suis très tendue et crispée. Aller chez le coiffeur n'est jamais un bon moment à passer pour moi. D'ailleurs, je n'y vais presque jamais. Je ne sais jamais comment me tenir et encore moins comment lâcher prise.

Faire la conversation avec quelqu'un que je ne connais pas m'angoisse. Je ne sais tout simplement pas quoi dire à quelqu'un que je ne vais côtoyer qu'une ou deux heures et qui objectivement n'en a rien à faire de ma petite vie. En plus, je suis souvent très souvent déçue à la fin de la prestation mais bien-sûr je ne le dis jamais. Si je n'aime pas, je mens et je pars en regrettant de m'être encore fait avoir. Il y a tout un tas de petites choses que je n'ose pas faire chez le coiffeur pour ne pas vexer. Enlever les quelques cheveux de ma figure parce qu'ils me chatouillent, crier que l'eau est gelée ou trop chaude, dire que le sèche-cheveux me brûle le crâne (je suis très sensible), me replacer correctement quand je glisse sur le fauteuil pendant les trois shampoings et avouer que j'ai une douleur lancinante dans le cou à cause du bac. Le pire étant d'admettre que je n'aime pas ma coupe à la fin. Les coiffeurs et moi, ce n'est pas une grande histoire d'amour. En tout cas, ça ne l'était pas avant que je pousse la porte de ce salon-là.

Cette fois-ci, je décide de faire abstraction de toutes mes petites angoisses. J'entre dans le salon de coiffure en essayant de me décoincer un peu.

— Bonjour, je viens parce que je vais me marier dans trois mois et je n'ai aucune idée de la coiffure que je veux ce jour-là. Tout ce que je sais c'est que je veux quelque chose de léger, commençai-je par dire à la femme qui se trouvait en face de moi.

— Bonjour, moi c'est Sophie. Félicitations déjà pour votre mariage ! On va commencer par discuter un peu ensemble de vos goûts et je vous ferai un diagnostic précis, ok ?

— Ok, super. Merci, continuai-je un peu gênée.

Je comprends alors qu'elle va avoir beaucoup de travail à commencer par faire disparaître cette couleur rouge au plus vite de mes cheveux. Je me laisse bercer par le son mélodieux et apaisant de sa voix. Elle me demande de passer au bac afin de réaliser le shampooing. Immédiatement, une sensation apaisante me saisit lorsqu'elle me masse le cuir chevelu. Une sensation à laquelle je ne souhaite pas me laisser aller. Alors, j'évite de fermer les yeux et je fais semblant de ne pas y prêter attention. Mais, au fond de moi, je dois avouer que sa manière de masser m'a instantanément donné envie de revenir.

Sophie est une très belle femme à la peau légèrement bronzée. Ses yeux marrons rieurs dégagent une douceur et une sincérité magnifiques. Elle mesure environ 1m70, ce qui lui donne une présence encore plus remarquée. Ses cheveux coupés au carré apportent un style très distingué, voire presque inaccessible à sa personnalité. Elle ressemble à une icône qu'on a envie d'idolâtrer.

Elle a une aura particulière, très douce, elle dégage quelque chose de fort.
Elle a un sourire franc, la tête haute, les épaules droites, elle rit facilement, elle est très élégante. Son style vestimentaire très classique, un peu catho, me charme aussi. Je la regarde me coiffer, je fais semblant de l'écouter, je ne comprends pas vraiment ce qu'il m'arrive. Aucun son ne sort de ma bouche. Je me sens totalement transportée par sa voix.
La prestation se termine par un brushing afin de retravailler mes cheveux par la suite. Elle me propose de rééquilibrer l'ensemble en plaçant mes cheveux de

l'autre côté, de façon libre ou en chignon bas. Je prends rendez-vous la semaine suivante avec elle pour effectuer la couleur et retirer définitivement les reflets rouges. Je quitte le salon un peu chamboulée. Une fois rentrée dans ma voiture, je me surprends à rêver. Cela faisait de nombreuses années que je n'avais pas pris du temps pour moi, et pour une fois, j'ai vraiment réussi à lâcher prise, sans même m'en rendre compte.

Quelques jours passent et je sens que j'ai vraiment hâte de retourner au salon. Je repense à la voix de Sophie sans y prêter une si grande attention quand même car je dois tout finaliser pour le mariage. Je continue à valider les derniers préparatifs, à choisir le menu avec le traiteur. Ma mère m'accompagne pour essayer des robes de mariée. Je suis plutôt calme mais j'ai envie de tout faire vite et que tout soit calé rapidement. J'essaie plusieurs robes mais une en particulier retient mon attention. Elle est longue, simple et légère avec une ouverture dans le dos jusqu'en bas des reins. Elle est somptueuse et me fait de belles courbes, je décide que ce sera cette robe-là. En quelques minutes, c'était fait et je pouvais cocher cette case-là.

La semaine reprend son cours normal entre le bureau, les allers-retours chez l'assistante maternelle, la routine du soir. À cet instant-là de ma vie, personne ne pouvait prédire ce qui allait arriver.

Le jour de mon deuxième rendez-vous au salon arrive. La veille, je me lave les cheveux, de peur d'avoir les cheveux gras, et d'avoir une remarque sur l'aspect de ma chevelure. Je franchis la porte du salon avec une certaine timidité. Gabriel, le collègue de Sophie, me reçoit gentiment et me demande de patienter sur le sofa au bout du salon. Mon regard balaye la pièce des yeux et j'aperçois Sophie en train de coiffer une cliente. Je la regarde discrètement mais en épiant quand même un peu tous ses faits et gestes. D'un coup, je la vois s'approcher de moi :

— Bonjour Audrey, comment vas-tu ? me demande-t-elle avec son grand sourire qui me fait fondre intérieurement.

— Très bien, merci.

— Tu veux boire quelque chose le temps que je finisse avec ma cliente ? Un café, un thé ?

— Non, merci c'est gentil.

Je réponds par politesse mais j'aurais bien pris un thé.

— J’ai bientôt fini, je suis à toi tout de suite après, ok ?

— Oui, oui. Pas de problème merci.

Pendant ce temps, j’observe le salon, le rire des clientes, les échanges entre Sophie et son équipe. Je remarque les jeux de regards entre Gabriel et Sophie, l’air un peu moqueur. Gabriel est très taquin, il aime plaisanter mais il le fait discrètement. Il a un air malicieux. L’ambiance de ce salon est très agréable. L’équipe est très soudée et cela se ressent dans la chaleur humaine qui émane de cet endroit. Léa est plutôt imperturbable, focalisée sur sa cliente, elle est indifférente à ce qu'il se passe autour d'elle. Je ressens de belles énergies et beaucoup de cohésion dans cette équipe. Je me sens bien et apaisée rien qu'à les observer travailler. Je remarque que Sophie a terminé avec sa cliente. Elle s'avance vers moi. Je sens que je suis un peu fébrile et heureuse en même temps. Comme lorsqu'on sourit un peu bêtement sans trop savoir pourquoi.

— Tu viens Audrey, on va passer au bac ?

J'ai de nouveau droit à ce massage crânien divin et je n'ai qu'une envie, c'est qu'il dure le plus longtemps possible.

Nous passons deux heures à parler de nos hobbies, de nos goûts respectifs. Sophie est passionnée de grand air, de voyage, de yoga à l'inverse de moi qui suis plutôt casanière, solitaire, peu sociable.

— J'adore la nature et la randonnée. Marcher dans de grands espaces, j'en ai vraiment besoin. Une fois j'ai parcouru une partie de l'Amérique du Sud en sac à dos avec ma copine Isa, me raconte-t-elle.

Je bois ses paroles, je ne sais même pas quoi dire. Alors je réponds simplement :

— Oh ! C'est impressionnant !

— Mais mon rêve vraiment c'est de faire le tour du monde et aussi d'avoir un enfant.

Plus je l'écoute et plus elle m'attire. Sa spontanéité, sa voix rassurante, son calme, son naturel et sa simplicité m'apaisent. À cet instant précis, je ne visualise absolument rien de la suite mais je sais que je me sens tout simplement bien. Les jours qui ont suivi ont un peu dérogé à ma routine. J'ai eu envie de prendre soin de moi, de sortir un peu plus souvent avec mes collègues, de respirer, de vivre pour moi. Entre temps, un vernissage a eu lieu au salon, je me suis rendue sur place, j'ai discuté avec plusieurs personnes de plusieurs secteurs d'activités autre que la coiffure. J'ai rencontré de belles personnes toutes aussi intéressantes les unes que les autres. Sophie est venue à ma rencontre, nous avons bavardé de tout et de rien, j'ai eu le besoin d'en savoir plus sur elle, sur sa personnalité. Elle dégageait vraiment quelque chose de fort. Je me sentais comme aspirée par ce qu'elle me disait même si je ne l'écoutais pas vraiment.

Au détour d'un échange, j'ai compris qu'elle avait eu des relations avec des hommes puis des femmes et que tout était possible seulement si au fond de nous, on ne s'obligeait à rien et que l'on se respectait avant tout ainsi que notre partenaire.

En rentrant chez moi, j'ai commencé à penser à Sophie. Sa douceur me rassurait, elle était à la fois simple et inaccessible. Mes certitudes ont commencé à s'effilocher, je ressentais de plus en plus le besoin de nouer une relation amicale très forte avec elle, de sentir son contact. L'idée de faire l'amour avec une femme ne me rebutait pas, mais me paraissait inimaginable. Je me disais "Je suis hétérosexuelle, rien d'autre, je ne suis pas faite pour être avec une femme, j'ai mon identité et mon orientation sexuelle."

J'aimais F, et c'était avec lui que je voulais construire ma vie.

On s'est revu plusieurs fois ensuite pour prendre un café, se promener à la mer et je sentais que des sentiments étaient en train de naître. Ce n'était pas simplement de l'amitié. J'avais tout le temps envie de la voir. C'est à ce moment-là que j'ai su que j'étais vraiment amoureuse. C'est peut-être naïf mais j'avais la sensation d'avoir vingt ans. Je n'avais pas eu d'adolescence ni de vie de jeune adulte en réalité mais quand je l'ai rencontrée, j'ai rajeuni de dix ans d'un coup. Je vivais. Si je ne l'avais pas rencontrée, mon couple aurait peut-être pu continuer comme ça pendant des années, je ne sais pas. Le problème n'a jamais été F. Le problème c'était moi. Je ne me sentais pas à ma place.

Chapitre 21

Vertige de l'amour

Chapitre vingt-et-un
Vertige de l'amour

—

Notre couple avait duré onze ans. Je l'aimais beaucoup et je n'avais rien à lui reprocher mais je me disais que mon amour n'était plus aussi fort pour envisager un avenir ensemble. On parlait de faire un deuxième enfant mais je n'en avais pas vraiment envie. Je ne me projetais pas dans cette vie. Je l'aimais bien-sûr mais je n'étais pas épanouie dans mon couple. Je n'aimais pas ma vie, je me sentais prisonnière de ma vie. Je passais ma vie à travailler ou à m'occuper de ma fille. Le week-end on ne faisait rien, je n'avais envie de rien. C'était comme si j'étais arrivée au bout du chemin de l'histoire qu'on avait à vivre ensemble.

C'est que je pensais au plus profond de moi, sans vouloir m'autoriser à penser à autre chose, mon bonheur. J'ai toujours voulu cocher les cases, correspondre à tous les critères attendus par la société. C'était le seul exemple dont je disposais.

Je n'étais pas très à l'aise avec l'idée de désirer une femme car j'ai grandi dans un environnement où on ne parlait pas de ces choses-là. Ce n'était même pas tabou, ce n'était pas un sujet du tout. Visuellement j'ai toujours trouvé que le corps d'une femme était plus beau que le corps d'un homme, je m'autorisais au moins à penser ça. À ce moment-là, l'idée de toucher une femme m'est pourtant inconnue. Alors j'oublie mes désirs et j'enterre tout ça au fond de moi. Je reprends ma vie d'hétéro et ma sécurité.

Quant à Sophie, à aucun moment, je n'ai senti une ouverture de son côté.

Pour elle, j'étais une femme qui allait se marier avec un homme deux mois plus tard. Ce n'est pas une femme qui drague. C'est une femme libre, elle n'a besoin de personne pour s'épanouir, elle n'est pas dépendante d'une relation, elle est constamment dans l'exploration. C'est bien cela qui me questionne : son côté inaccessible. Et cette question : pourquoi vouloir plaire aux femmes et non aux hommes ?

Je connaissais la réponse concernant les hommes. Je n'avais aucune attirance pour un autre homme car j'étais amoureuse de F. et je ne regardais pas les hommes, seulement les femmes. Lorsque l'on se promenait tous les deux, je me surprends à parcourir les formes des femmes, à scruter leurs courbes, leurs traits, leurs manières. Pourquoi cette attirance physique pour le corps de la femme se présentait-elle maintenant, à quelques semaines seulement de mon mariage? Pourquoi ne m'étais-je pas autorisée à en parler avec F.? Je me sentais honteuse d'avoir des pensées comme celles-ci.

J'avais toujours senti que j'étais attirée par les femmes. Dans le domaine du sport, je voyais bien que je regardais plus les femmes que les hommes. Mais comme ce n'était pas un sujet dans ma famille, je n'avais jamais pu en parler à personne. Je n'étais pas non plus très à l'aise avec moi-même sur ce sujet. Je ne savais pas ce que je désirais, ce que j'aimais vraiment. Avec F., on ne parlait pas de ces sujets non plus. J'étais assez fermée sur tout cela. Mais en rencontrant cette femme, j'ai compris. J'ai découvert mon corps à trente ans.

J'étais complètement bouleversée par cette révélation. Elle arrivait beaucoup trop tard dans mon parcours. Je m'en voulais, je me sentais coupable.

Je me sentais bloquée, je voulais m'octroyer cette liberté d'être celle que je suis vraiment sans me sentir coupable de vouloir être simplement heureuse et à ma place. Je venais de ressentir une sensation nouvelle, le désir, le vrai, le truc physique qui nous brûle dans les poumons et remonte dans l'estomac, le surplus de guili dans le bas du ventre. J'ai eu ce besoin de me déconstruire, de prendre du recul.

Un dimanche matin, je décide d'en parler avec F.

— F., est-ce-qu'on peut discuter j'ai quelque chose d'important à te dire.

— Oui, qu'est-ce-qu'il y a ? C'est grave ? ça va ? T'as pas l'air bien.

Je ne savais pas du tout comment exprimer toutes ces émotions nouvelles. J'éprouvais la nécessité de prendre du temps pour moi, d'être en phase avec moi-même.

— Euh, non, ça va pas trop. Je crois qu'il faut qu'on annule le mariage.

— Quoi ? C'est une blague ? Qu'est-ce-qui te prend ?

Je savais qu'il ne se mettait pas en colère facilement mais à ce moment-là, je sentais que la tension allait monter très vite.

— J'ai besoin de temps, je ne sais plus

trop où j'en suis. Je ne sais plus si je veux qu'on se marie.

J'essayais de gagner du temps avant de lui annoncer la vraie raison de cette discussion mais cela ne faisait qu'attiser sa méfiance et sa colère.

— Pourquoi ? T'as rencontré quelqu'un c'est ça ?

— Euh, oui.

Voilà, c'était dit. Mais il fallait maintenant avouer l'autre vérité. Et dans les yeux de F., je ne lisais plus rien de doux ni d'empathique. Je voyais l'incompréhension, la surprise, le mépris aussi.

— C'est qui ? Je le connais ?

— Ce n'est pas le cas. C'est une femme. Voilà, je suis désolée.

Il a mis un moment à réagir et à répondre. Il n'a pas réussi à assimiler l'information immédiatement. Je le quittais pour une femme. J'annulais tout. C'était une épreuve terrifiante, insurmontable pour nous deux. Cette phase nous a vraiment épuisée. Être à l'initiative de ce choix et le poids de la culpabilité, tout était très lourd à porter. Les conséquences m'ont terrorisé et mes angoisses m'ont paralysées. Dans ma tête, le monde s'est mis à arrêter de tourner. J'avais beaucoup de craintes et d'appréhensions pour l'avenir. Il me fallait du temps, il fallait que je trouve ma place.

Le fait d'avoir pris la décision de cette séparation avec F., une personne formidable qui n'avait rien demandé de tout cela et avec qui je pensais finir ma vie a été vu comme une trahison. Le voir se renfermer, et refuser de communiquer, c'était la définition même que le sol s'écroulait sous ses pieds.

Je n'avais pas envie de maîtriser les choses. Je ne maîtrisais plus rien à part la décision de nous séparer. Je ressentais l'envie profonde de me retrouver seule afin de pouvoir me poser les bonnes questions sur mon chemin de vie, sur ce que je souhaitais vraiment. Je me suis donc retrouvée seule face à moi-même. Souvent on oublie que nous vivons notre propre vie pour nous-même.

La période où l'on commence à penser à soi et à la construction de notre identité se fait généralement lors du passage de l'adolescence à l'âge adulte. Pour moi, cette construction arrivait à ce moment-là, à la trentaine. Je ne craignais pas la solitude. C'est en avançant petit à petit, en apprenant à me découvrir, à m'assumer, à me gérer et à conserver tout cela en moi que j'ai pu ensuite sortir de ma zone de confort, expérimenter de nouvelles choses, apprécier davantage l'inconnu et à progressivement me tourner vers des envies, des projets. Mais, je me sentais toujours aussi coupable et cette culpabilité restera toujours en moi. J'aurais aimé faire les choses différemment mais je suis une personne impulsive, butée, et têtue.

Je suis fidèle en amour comme en amitié, ça ne me ressemblait pas, pourquoi avoir eu cette force et cette envie à ce moment précis de ma vie ?

Il a fallu faire face aux remarques blessantes de certaines connaissances « T'as les cheveux longs pourtant »,

« T'as pas l'air lesbienne », « Tu es malade psychologiquement », « C'est parce que t'as peur des hommes », « Change de mec », « Avec une femme, tu ne fais pas vraiment l'amour », « Tu utilises quoi comme jouet avec ta copine ? » « Ta copine est féminine aussi, c'est bizarre ». Ma sexualité était le sujet de conversation, de curiosité, de débats. Aujourd'hui cela ne me pose plus de problème d'en parler ouvertement, ce qui n'était pas le cas il y a deux ans. Malgré les progrès et l'évolution de la société, les stéréotypes sont toujours aussi présents, même pour ma génération .

Les mois sont passés, je me suis mise à faire de la randonnée pour pouvoir réfléchir et être seule avec moi-même. Pendant que je marchais, la seule réponse qui revenait sans cesse c'était que je voulais vivre selon mes convictions, mes croyances, mes besoins profonds. Je voulais être épanouie, me faire confiance, m'accepter, et être en accord avec moi-même.

Ma décision a été brutale. Cela a été un choc pour l'ensemble de nos amis, de nos familles. À cet instant, je préférais me faire quitter que de quitter la personne car je n'avais aucune raison de le quitter aux yeux de tous et à mes yeux. Il n'avait rien fait de mal. Contrairement à moi, qui objectivement était très mauvaise en communication, me braquait vite, était agressive. En plus de tout cela, je ne me remettais jamais en question, c'était sans doute de la fierté mal placée. Je me demandais même comment il avait fait pour rester avec moi durant ces dernières années ?

Mais la certitude d'avoir du désir pour les femmes devenait de plus en plus présente. Il fallait que j'aille au bout de cette expérience. Je me suis alors inscrite sur un site de rencontre pour femmes.

J'ai commencé à échanger avec Anaëlle. Elle était infirmière, elle avait 35 ans, nous nous sommes rencontrées. J'étais intimidée, mal à l'aise, tout me revenait en pleine figure, ce que j'avais occulté, et choisi d'oublier. Tout venait me heurter en plein visage. Tout se bousculait dans mon esprit, dans mon corps. Anaëlle était une femme qui souhaitait avoir des enfants avec un homme, mais elle aimait physiquement les femmes. Je comprenais tout à fait ce désir qu'elle pouvait ressentir pour la femme. Mettre une étiquette sur son orientation sexuelle est une notion qui n'a pas vraiment de sens selon moi.

À la fin de notre rencontre, elle s'est approchée et m'a embrassée, je suis restée bloquée, il était hors de question pour moi d'envisager autre chose. C'était une belle femme, qui avait beaucoup de point en commun avec Sophie d'ailleurs. Elle aimait la nature, le yoga, les voyages, le surf, le sport en général. Mais je n'ai plus voulu revoir Anaëlle. Je n'avais pas ressenti la sensation des mois précédents avec Sophie. C'était la première fois que j'embrassais une femme, cela ne me déplaisait pas mais je ne souhaitais pas jouer avec les sentiments d'une personne.

Après dix ans de vie commune avec un unique partenaire, j'ai éprouvé le besoin d'aller jusqu'au bout et de savoir si je ressentais une attirance physique et sexuelle pour un autre homme afin de me situer sur mon désir et de clôturer définitivement mon questionnement. La réponse a été évidente, je ne ressentais aucun plaisir, sauf le plaisir de séduire. Pour moi, F était magique et il n'avait rien à envier aux autres hommes. Je me sentais perdue. Et il a fallu que je passe par ce creux pour comprendre des mois plus tard que j'étais tombée amoureuse d'une personne et non d'un genre. J'ai laissé le temps faire son œuvre. Je me suis déconstruite.

J'ai pris la décision de quitter F. trois mois avant notre mariage. J'ai dû aller voir une psychologue, je ne savais pas comment gérer cette situation. On a passé trois mois à débattre, à retourner le problème dans tous les sens. J'avais peur de perdre ma fille, d'être à la rue. Nous sommes aussi passés par des phases assez violentes avec des insultes de sa part et de la part de ses amis, qui étaient aussi mes amis par la force des choses. Un jour, il était très en colère et il m'a dit : "tu as de la chance de partir avec une femme, si ça avait été un homme je t'aurais tué".

Depuis cette première discussion, son comportement avait radicalement changé. Il était devenu vraiment dur. On ne partageait plus rien, même bien avant cette décision de me séparer. J'étais juste la mère de sa fille mais plus sa femme. Je me disais que c'était peut-être une phase, que ça allait revenir. Même si parfois on faisait chambre à part, je n'avais pas le besoin ni l'envie d'aller voir d'autres hommes.

De l'extérieur, tout le monde pensait

qu'on avait une vie idéale "votre couple est tellement beau. Vous êtes ensemble depuis onze ans, respect !" ou alors "vous avez une belle maison, une fille superbe, des jobs intéressants, bien payés et un chien" ! Cela faisait rêver mais moi je savais que la réalité n'était pas du tout celle-là. Quand on refermait la porte de la maison, une fois les amis partis, la belle façade s'écroulait.

Chapitre 22

Inévitable séparation

Chapitre vingt-deux

Inévitable séparation

Le plus fou quand je repense à cette période c'est que je n'avais pas l'impression que c'était moi qui prenais cette décision. Je me voyais devenir actrice de ma vie mais sans en être vraiment consciente. J'avais un dédoublement de personnalité. Je ne sais pas où j'ai trouvé l'énergie pour tout envoyer balader comme ça alors que j'étais épuisée de tout. C'était l'énergie du désespoir. Mais je savais au fond de moi que je devais le faire. C'est difficile à expliquer. Je me disais qu'il fallait que je sois enfin heureuse mais je savais en même temps que j'allais nécessairement faire souffrir mon conjoint. J'étais en train de me noyer. J'étais complètement éteinte. Elle m'a un peu sauvée.

La séparation a été vraiment difficile. J'ai laissé tout ce qu'il y avait dans la maison. Je ne voulais pas me battre pour des meubles. Je ne voulais pas en arriver là. Je me sentais coupable de partir alors je me disais que je devais assumer. J'étais capable de racheter des meubles, de trouver un logement, je ne voulais pas en rajouter avec des problèmes matériels.

Avant d'officialiser notre séparation, nous nous sommes rendus en Martinique pour quelques jours avec Iris, malgré la difficulté de ce que nous étions entrain de traverser. Il était important pour moi d'accompagner Iris à travers ce voyage afin qu'elle puisse rencontrer sa famille. C'était aussi le moyen d'apaiser les tensions.

L'essentiel était que tout se passe bien

pour notre fille. On voulait être assez intelligents et bienveillants l'un avec l'autre pour ne pas se déchirer. J'avais toujours ce dilemme en tête : rester en étant malheureuse mais préserver l'équilibre de ma fille ou partir et être heureuse en risquant de traumatiser un peu Iris. C'est vraiment le choix le plus dur que j'ai eu à faire dans ma vie. Je me sentais égoïste, je me disais que je ne pensais qu'à mon petit bonheur. J'avais toujours pensé que je ferai ma vie avec le même homme, que lorsqu'on fait des enfants, on les élève ensemble pour la vie. Et puis un jour, je me suis dit que ma fille comprendrait plus tard que la voix de la raison est parfois celle du cœur. Qu'elle ne m'en voudrait pas d'avoir fait ce choix-là parce que c'était pour que je sois plus heureuse. C'est aussi un modèle qu'on donne aux enfants pour leur futur.

Nous avons vendu la maison et je me suis installée dans un petit appartement où je n'avais pas de chambre pour moi. Ce qui m'importait c'était le confort pour ma fille. Nous lui avons annoncé ensemble notre séparation à travers un livre éducatif en utilisant des mots simples. Nous lui avons décrit le déroulement des choses, le fait d'avoir deux maisons, mais qu'elle verrait ses deux parents dans la semaine. Nous l'avons rassuré en lui disant que l'on prendrait tout le temps soin d'elle.

Ma famille m'a beaucoup aidé dans cette période compliquée. Je me suis sentie soutenue. Ma mère, mon beau-père étaient assez présents pour F. et moi. Iris venait d'avoir trois ans, elle allait rentrer en petite section de maternelle. J'ai commencé à lâcher prise sur mes émotions, je me sentais plus légère et moins stressée de la vie quotidienne, de la routine. Je me sentais libre…

C'est à ce moment-là, après la séparation que j'ai décidé de reprendre contact avec Sophie à travers une prise de rendez-vous au salon. Je lui ai proposé d'aller boire un verre à la fin de sa journée. Nous sommes allées prendre un verre en ville. Je me sentais fébrile, j'avais les jambes comme du coton. Une fois installées à la terrasse d'un café, Sophie m'interroge :

— Alors comment s'est passé le mariage ?

Pendant toute la période de séparation, j'avais décidé de ne plus lui donner de nouvelle et je ne l'avais pas revu pour lui dire que j'annulais le mariage. J'étais bien trop anxieuse et honteuse.

— Euh… Il n'a pas eu lieu.

— Quoi ?

— Non, j'ai tout annulé. C'est compliqué à expliquer.

— Mais pourquoi ?

— Je me suis rendue compte que j'étais attirée par les femmes. Et par toi en particulier.

Je n'avais plus envie de me mentir à moi-même. Sophie était une femme qui pouvait entendre les choses, mais elle ne voulait pas être la cause de cette séparation. J'ai tenté de développer mais elle m'a demandé du temps. Nous sommes totalement différentes. Je ne suis pas dans l'exploration mais dans la durée. Je ne suis pas un électron libre dans la nature mais plutôt une casanière, j'ai vécu et je ne connais que le schéma traditionnel. Je n'avais jamais eu de relation avec une femme mais j'avais envie d'essayer car au plus profond de moi, je sentais que cela pouvait fonctionner car je serai enfin moi-même.

Sophie me disait que notre corps nous appartenait tout comme nos choix, que la raison de ma séparation était propre à moi et non à elle. J'ai de nouveau laissé du temps aux choses, j'ai attendu qu'elle revienne vers moi, je ne l'ai pas brusquée. Elle était partie en voyage à Lisbonne seule pour quelques jours. En rentrant à Toulouse, elle a accepté que l'on se voit et que l'on reparle de ce qu'il s'était passé. Le désir que j'éprouvais était de nouveau présent. J'avais une envie folle de l'embrasser à la minute où nous nous sommes assise dans un café. Je souhaitais que le temps s'arrête, qu'il n'y ait qu'elle et moi, que je puisse lui exprimer ce que je ressentais, tous ces sentiments nouveaux que je ne connaissais pas. Je la contemplais et je la trouvais belle et intelligente.

J'avais envie de poursuivre nos échanges, elle m'a invité chez elle. Une fois arrivées, elle me propose de boire un Spritz (je ne connaissais pas du tout ce cocktail). Je trouvais ça amer mais je ne disais rien. Je buvais tout en la regardant.

— Est-ce-que je peux t'embrasser ? lui ai-je demandé au bout d'un moment.

Cette envie folle ne me quittait pas depuis le début.

— D'accord, a-t-elle simplement répondu.

Je me suis avancée et j'ai déposé un baiser sur ses lèvres. C'était doux, agréable et voluptueux. C'était d'une sensualité différente de celle que j'avais connu. En revanche, je me sentais toujours aussi pudique physiquement même si j'essayais de ne pas le faire transparaître. Entre deux femmes, c'est une évidence. Il y a une complicité de base. C'est comme se regarder dans un miroir. Tu as l'impression que c'est toi-même en face.

Je me sentais renaître à travers cette soirée. C'était donc ça, cette fusion, cette rencontre passionnelle de deux partenaires.

Il commençait à être tard alors je suis rentrée chez moi remplie de sensations positives. Évidemment, je n'arrivais pas à trouver le sommeil. J'étais transportée dans un autre monde. Les jours suivants, nous avons beaucoup échangé par message. Sophie était partie quelques jours dans le bassin d'Arcachon avec des amies. Tout était très naturel entre nous, nous n'attendions rien l'une de l'autre. Nous avons laissé les choses se faire.

C'était un flux d'affinités, de complicités, d'échanges constants. Nous n'avions pas les mêmes goûts, ni la même façon de voir les choses mais je ne cessais de penser à elle, à son visage, tout était dans mon esprit comme un fond d'écran permanent sur mon téléphone. Elle me fixait très souvent et me disait « Tu es une belle femme, tu as de belles courbes, ait confiance en toi »

Je me sentais rougir, j'étais mal à l'aise, je n'arrivais pas à accepter les compliments. Je pense qu'entre femmes, il y a plus de compréhension sur davantage de choses. On est toujours dans l'échange. On est moins pudiques, on ne craint pas de montrer nos fragilités, on se dit beaucoup qu'on s'aime, on ne peut pas faire semblant et encore moins sexuellement car une femme le remarquera beaucoup plus vite qu'un homme.

Faire l’amour avec une femme est pour moi un feu d’artifice. C’est incroyable, entre nous l’alchimie est fulgurante. L’énergie sexuelle d’une femme n’a rien à voir avec celle d’un homme. L’essentiel passe par le corps tout entier, la tendresse, les caresses, la sensualité. Sexuellement, nous savons nous faire plaisir avec une précision incroyable.

Il m’a fallu plusieurs mois pour me déconstruire totalement, que ce soit sur la vision du couple, la sexualité, le désir, le corps. Au départ je voulais tout contrôler, ne rien changer, et je n’arrivais pas à lâcher prise sur mon désir. En choisissant de m'engager dans cette relation féminine, je me suis révélée à moi-même, je me suis libérée d'un poids énorme. Je me suis redécouverte, intérieurement et extérieurement. Cela n'a pas été tous les jours faciles mais j'y suis parvenue.

L'été suivant, Iris et moi avons emménagé chez Sophie. Nous avons pris le temps de décorer sa chambre, de ranger ses vêtements et ses jouets. Il fallait avant tout prendre le temps de bien cibler les attentes de chacune et de préparer l'emménagement ensemble. Je sentais que c'était le bon moment.

J'éprouvais le besoin de construire une nouvelle vie, une vie de couple dans laquelle chacune avait le droit d'avoir son espace, sa liberté, son intimité et tout cela en passant par de la communication. Aucun reproche : c'était la règle. Il fallait s'écouter, se conseiller, passer des moments en couple et en dehors du couple.

C'était important de préserver et entretenir notre autonomie, avoir confiance pour parler de tout, que ce soient nos secrets, nos tabous, et toutes les questions personnelles qui nous traversent l'esprit.

Il fallait aussi, le plus possible, éviter la jalousie. Je n'avais jamais eu de relation ou vécue avec des femmes. Tout cela était nouveau et c'était un défaut qui pouvait me freiner. Sophie n'a jamais été jalouse. Elle est ouverte d'esprit et très généreuse avec ses amies, son entourage, ses client(e)s. Il fallait aussi que j'accepte cela car ce qui est une qualité peut devenir un défaut par la suite. Il était important pour moi de comprendre que son parcours professionnel, sa liberté, sa sociabilité faisaient partie de sa personnalité. C'est une passionnée de la vie. Elle déborde d'énergie, elle aime sincèrement les gens. Il nous fallait le même degré d'indépendance pour ne pas briser cet équilibre.

Chapitre 23

L'annonce à la famille

Chapitre vingt-trois

L'annonce à la famille

Durant toute la période de la préparation du mariage, ma mère était la seule personne à s'être rendue compte que je n'étais pas spécialement ravie ni excitée. Je cochais les cases en me disant «une bonne chose de faite» mais sans enthousiasme. Habituellement, quand on prépare son mariage, on est plutôt euphorique ou au moins dans un état de plénitude. On est heureuse de choisir sa robe, de goûter le traiteur, de réfléchir aux musiques qu'on va passer pendant la soirée… Moi, j'avais juste envie que tout soit terminé et qu'on passe à une autre étape. Un jour, ma mère me dit :

— Audrey, qu'est-ce-qu'il se passe ? Je ne comprends pas, tu n'as pas l'air heureuse de préparer ton mariage.

— Mais non, maman. C'est bon, laisse-moi tranquille. Il n'y a rien, tout va bien. Mais le ton de ma voix en répondant ne correspondait pas du tout avec ce que je disais. Alors, elle a insisté.

— Écoute, je vois bien qu'il y a quelque chose. Tu es ma fille, je te connais. Est-ce-que tu as rencontré quelqu'un ?

Sans détour et sans prendre des pincettes, elle m'a confrontée à la réalité mais j'ai continué à esquiver.

— Mais lâche-moi, maman. S'il te plaît, je ne veux pas en parler.

Évidemment, en disant cela, je confirmais ses soupçons. J'ouvrais la porte à d'autres questions. Et elle a continué :

— Tu as rencontré un autre homme ?

— Non, ce n'est pas un homme, maman.

— Comment ça, ce n'est pas un homme ?

— Bon, maman. Si ce n'est pas un

homme, ni un chien, bon…

Il y a eu un temps de silence. Un moment d'arrêt sur image où son visage a changé. Elle tombait des nues. La bouche ouverte et les yeux perdus dans le vague, elle m'a posé la question que je redoutais :

— C'est une femme ?

Pour seule réponse, j'ai hoché la tête et je suis restée silencieuse. Elle n'y croyait pas. Elle a dit que jamais elle n'aurait imaginé cela de moi. Elle pensait peut-être qu'un jour cela arriverait à ma sœur, mais pas à moi. Après cette conversation, elle a fait un déni de plusieurs mois et on n'en a plus jamais parlé. Après un long moment, elle m'a avoué qu'elle avait fait un choc émotionnel le lendemain de cette révélation. Elle avait pleuré toute la journée en se disant que j'étais en train de gâcher ma vie, de faire une crise de la trentaine, que je n'allais jamais me marier. Elle aimait aussi beaucoup F. et pour elle c'était difficile d'accepter que je renonce à faire ma vie avec lui. Le pire étant que j'avais rencontré une femme. Lui faire de la peine était une vraie déchirure pour moi. Je culpabilisais déjà beaucoup de casser notre mariage mais rendre ma mère triste ajoutait de la peine à cette culpabilité. En tant qu'enfant, on ne veut pas faire du mal à ses parents, c'est normal. Et je lui en faisais sans le vouloir.

Bien-sûr, elle avait peur pour moi. Comme toutes les mères, elle avait peur que je me trompe, que je souffre, que je fasse une erreur. Qui était cette femme qui m'avait décidé à annuler mon mariage et à me séparer de mon conjoint ? Était-elle une personne de confiance ? Allait-elle me faire souffrir ? Toutes ces questions tournaient sans cesse dans sa tête. Elle pleurait alors que moi, j'allais vers mon bonheur.

C'est drôle ce paradoxe. On s'inquiète souvent à tort pour nos proches. Je n'avais jamais été aussi sûre de moi, mais je ne savais pas comment lui faire comprendre que je ne prenais pas cette décision à la légère. Il fallait qu'elle sache si j'étais sûre de moi et pour cela, elle devait rencontrer Sophie. Son seul souhait était que je sois heureuse, tout simplement. Tous ces sentiments sont légitimes et je ne lui en ai pas voulu de ressentir cela. Elle avait besoin de temps pour digérer toutes ces nouvelles.

Une fois qu'elle a accepté que j'allais désormais construire ma vie avec une femme et que rien ne pourrait me faire changer d'avis, elle a voulu rencontrer Sophie. Elle était prête. Elle avait besoin de briser les stéréotypes qu'elle avait en tête depuis toujours sur l'homosexualité. Elle ne savait pas ce qu'un couple de femmes impliquait en réalité. Elle n'avait personne dans son entourage qui pouvait partager cette expérience. Les gens ont peur de l'inconnu. Les préjugés s'effacent tout seul lorsqu'on va vers ce qu'on ne connaît pas. On se rend compte que les gens sont comme nous, qu'il n'y a aucune raison d'avoir peur. Le jour de la rencontre est arrivé et elle a tout oublié. Elle l'a trouvée douce, charmante, très féminine. Je crois que cela l'a rassurée. À la fin, elle m'a juste dit « je comprends. »

J'étais soulagée qu'elle comprenne, qu'elle me soutienne dans mon choix. Pourtant, elle a mis du temps à se dire que la relation avec F. ne serait plus jamais la même, que leur lien serait coupé, et qu'elle allait inexorablement moins le voir alors qu'elle le considérait comme son fils. C'était comme un deuil pour elle. Si je n'avais pas rencontré Sophie, je serais sans doute restée dans ma vie de couple avec F. Nous nous serions mariés et nous aurions vécu ainsi. Je n'aurais probablement pas été très heureuse mais j'aurais donné le change. J'aurais fait bonne figure devant ma famille et nos amis. Personne n'aurait remarqué que moi, à l'intérieur, j'étais vide. Et en même temps, je ne voulais pas le quitter sans raison. Il fallait que cette rencontre incroyable avec Sophie advienne pour que toute ma vie se transforme d'un seul coup.

Après l'annonce de l'annulation du mariage, ma mère a dû prévenir toute la famille. Elle a dû dire à tout le monde pourquoi j'avais pris cette décision. Expliquer à sa tante, ma grand-tante

Cathy, que j'avais rencontré une femme n'a pas été facile pour elle. La génération de mes grands-parents ne comprend pas les schémas de couples homosexuels. Pour ma grand-tante, c'était inimaginable. J'ai toujours été assez stressée par la réaction de ma famille mais j'ai quand même décidé d'aller les voir avec Sophie un été. Cela faisait des années que je n'étais pas allée voir Cathy et j'allais revoir mes cousins et mes nièces après plus de dix ans. Nous avons fait la route jusqu'en Auvergne pour aller déjeuner chez ma grand-tante. Sur le trajet, alors que les paysages défilaient et que nous

nous rapprochions des volcans, je me demandais pourquoi j'avais absolument tenu à y aller. Certes, mon oncle m'avait dit de m'arrêter chez Cathy sur la route de Toulouse parce qu'elle avait préparé un petit apéritif. Mais revenir sur cette terre ancestrale où j'avais grandi me faisait à la fois du bien et me donnait des montées d'angoisse. J'étais stressée et gênée de mettre Sophie dans cette situation. Je pensais qu'on allait être deux bêtes de foire et que toute la journée allait être un long cauchemar. Je savais qu'il y aurait mon oncle, mes deux cousins et leurs femmes, mes nièces qui ont aujourd'hui dix-sept ans et que j'avais vu la dernière fois lorsqu'elles avaient deux ans.

À peine la voiture garée dans le chemin, ma grand-tante a ouvert la porte pour nous accueillir. Elle était entourée de mes cousins. Ils avaient dû entendre le moteur de la voiture et ils sont tout de suite venus nous saluer. À ce moment-là, j'ai vite oublié mes peurs. J'étais dans ma famille, je les aimais. Il n'y avait aucune raison que cela se passe mal. Je savais aussi que la personnalité très sociable et profondément gentille de Sophie allait être très appréciée.

Elle sait parler de tout avec tout le monde, quelles que soient les générations. Elle dégage une joie de vivre communicative. Elle pétille de vie et surtout elle s'intéresse vraiment aux gens.

Cathy m'a prise dans ses bras tout en me faisant la bise. Cet accueil chaleureux a fait redescendre la pression accumulée sur la route et je me suis détendue d'un coup :

— Bonjour Audrey ! ça fait plaisir de te revoir ! Ça faisait si longtemps.

— Bonjour Cathy. Moi aussi je suis très contente. Je vous présente Sophie, ma compagne.

— Enchantée Sophie. Bienvenue, entrez.

Je leur ai présenté Sophie et j'ai senti très vite qu'ils allaient tous l'adorer et l'accueillir à bras ouverts. Il n'y a eu aucune tension. Aucun regard de côté ou de gêne. Le petit apéritif était en réalité un vrai déjeuner. Cathy avait mis les petits plats dans les grands et l'après-midi a été au-delà de mes espérances. À la fin du repas, alors que je faisais la vaisselle, ma grand-tante vient me voir :

— Bon Audrey, tu sais que je suis honnête et sincère quand je dis les choses. Tu sais que je suis direct et que je n'ai pas l'habitude de tout ça. Mais, là je dois dire que ta copine, elle est top ! Vraiment top ! Et en plus, elle est belle !

J'étais tellement soulagée de l'entendre me dire ça. Venant d'une personne d'une génération plus ancienne, je trouvais cela encore plus fort. C'était comme si je recevais, à travers elle, l'approbation de mes grands-parents disparus. Son accueil et ses mots m'ont prouvé que je n'étais pas jugée et qu'elle m'acceptait comme j'étais. Malgré ses convictions classiques, elle a un esprit ouvert et un grand cœur.

— Merci Cathy, ai-je répondu en riant.

Quant à mon père, je n'osais pas du tout lui dire pourquoi j'allais annuler le mariage. Je savais qu'il aurait beaucoup de mal à entendre cette nouvelle. Je ne lui avais pas dit et c'est mon frère qui lui a annoncé sans que je le sache. Un après-midi, alors que j'étais au travail, je reçois un appel. Je regarde mon téléphone, c'était mon père. Comme il ne m'appelle jamais habituellement, je me suis dit que cela devait être important alors j'ai décroché :

— Allô papa ?

— Bonjour Audrey, ça va ?

— Oui ça va et toi ?

Je sentais qu'il y avait une gêne dans sa voix et dans la conversation. Il a continué :

— Tu sais même si tu as quitté F. et que tu as annulé ton mariage, ça ne me pose pas de problème. Je veux dire, je peux comprendre, ça peut arriver.

— Oui.

Je ne savais pas trop quoi dire parce que je voyais bien qu'il voulait me demander quelque chose mais qu'il n'osait pas. Comme toujours avec mon père, il n'arrive pas à parler de ses sentiments ou de ce qu'il ressent profondément. La discussion tournait un peu en rond. Et tout à coup il a dit :

— Tu sais, ton frère m'a dit que tu avais rencontré une femme. Tu sais, ça ne me pose pas de problème. Tu es ma fille. Je t'aime et ça ne changera jamais.

J'étais sans voix. Je ne savais pas du tout quoi répondre. Je ne m'attendais tellement pas à cela.

— Allez Audrey, je te laisse. Passe une bonne journée.

Et il a raccroché.

Je suis restée là plusieurs minutes, abasourdie par ce que je venais d'entendre. Il avait fait preuve de courage et d'amour pour me dire ces mots-là et je ne l'oublierai jamais. Il n'a pas demandé à rencontrer Sophie, il ne me demande pas de nouvelles ou quoi que ce soit mais je sais qu'il a accepté et c'est le plus important. Ma famille a quand même très bien accueilli mon coming-out. Je n'ai jamais ressenti de rejet de leur part et c'est un vrai soulagement. Parce qu'il arrive encore aujourd'hui que des personnes soient rejetées par leur famille, voire complètement mises à la porte. J'ai eu la chance de ne pas subir cette situation. Je crois qu'ils ont compris que c'était d'abord et avant tout une histoire d'amour et cela, personne ne pouvait rien y faire.

Chapitre 24

Une femme avec une femme

Chapitre vingt-quatre

Une femme avec une femme

Quand j'ai annoncé à mes proches et mes amis que j'étais en couple avec une femme, certains ont eu des propos assez déplacés. Ils n'imaginaient pas que je puisse être homosexuelle. Ils étaient empreints de beaucoup de stéréotypes sur les couples de femmes : « Mais attends, tu es vachement féminine pour une lesbienne ! », « Mais vous êtes toutes les deux super féminines, qui est-ce-qui fait l'homme du coup ? ». Il y en avait forcément une qui devait être très masculine. Pour certaines personnes, cela ne pouvait pas fonctionner. Comme si nous devions reproduire le schéma du couple hétéronormé et qu'une des deux devait jouer le rôle du mâle alpha dominant. En réalité, quand nous nous promenons dans la rue et que nous nous tenons la main, les gens qui ne nous connaissent pas nous regardent plutôt avec bienveillance. Nous n'avons jamais eu de remarques déplacées dans la rue.

Nous sommes homosexuelles mais nous n'avons pas de revendications à crier. Je soutiens évidemment la cause LGBTQ mais je ne milite pas dans des associations ou des groupes liés au mouvement. Je ne veux pas être porte-drapeau d'une cause ou une autre. Je n'appartiens à aucune case. Je suis d'origine algérienne, j'ai été en couple avec un homme des Antilles, j'ai une fille métisse. Aujourd'hui, je suis avec une femme et nous allons commencer un projet de PMA. J'aurais trop de causes à défendre et je ne veux me mettre dans aucune case. Si j'écris ce livre, c'est pour moi mais aussi pour donner confiance à d'autres personnes qui vivent les mêmes situations. Pour dire que tout est possible tant qu'on écoute ses convictions profondes.

Mon ex-conjoint n'était pas du tout ouvert à la question de l'homosexualité. Pour lui, ce n'était pas normal mais je ne voulais pas commencer un conflit avec lui à ce sujet. Nous avons toujours laissé Iris nous poser toutes les questions qu'elle voulait. Sophie m'avait dit de ne pas m'inquiéter. Elle ne me mettait aucune pression pour tout expliquer tout de suite à ma fille. Elle n'avait que quatre ans. Quand elle parlait de Sophie, elle disait « la copine de maman ». Un jour, je l'ai rectifiée gentiment :

— Non, Iris. Tu sais Sophie ce n'est pas la copine de maman, c'est l'amoureuse de maman.

Elle m'a regardée avec ses grands yeux innocents et elle m'a répondu :

— Mais non, maman. Ce n'est pas possible que ce soit ton amoureuse. Tu dois avoir un amoureux, pas une amoureuse.

J'ai essayé de lui expliquer mais j'ai compris que je n'y arriverais pas, elle n'était pas encore prête à l'entendre. J'ai pensé qu'elle ferait le chemin toute seule, et qu'avec le temps elle finirait par comprendre d'elle-même. Aujourd'hui, elle est très fière de dire à ses amies: «tu sais Phiso (c'est comme cela qu'elle appelle Sophie), c'est l'amoureuse de maman.» Au début, Iris ne voulait pas accepter Sophie. C'était assez dur pendant un an. Elle ne lui disait pas bonjour le matin. Elle ne répondait pas à ses questions. Cela créait une ambiance assez tendue à la maison. Je ne savais pas comment faire. Je savais que c'était dur pour Sophie aussi. Un soir, alors que je venais de mettre Iris au lit, elle m'a dit:

— Audrey, il faudrait que tu expliques à Iris que le matin, il faut dire bon-

jour et répondre aux questions de base. C'est simplement de la politesse.
Je le prenais mal évidemment. J'avais l'impression qu'elle remettait en cause mon éducation auprès de ma fille. Je me disais qu'elle n'avait pas à s'en mêler et que c'était normal pour un enfant de trois ou quatre ans de commencer à s'affirmer. Mais j'avais tort et c'est encore une fois ma mère qui me l'a fait comprendre. Quand j'ai évoqué ce problème avec elle, elle a défendu Sophie. Elle m'a dit que je devais tout de suite reprendre Iris et lui expliquer qu'elle devait répondre, dire bonjour, être polie

tout simplement. Sophie faisait désormais partie de sa vie, de la famille et elle ne pouvait pas continuer à la rejeter ou l'ignorer comme elle le faisait tous les jours. Je crois que cela m'a fait prendre conscience du problème et du rôle que j'avais dans le rétablissement de la situation pour que la vie soit plus apaisée à la maison. Comment inclure totalement la nouvelle personne au sein du noyau que je formais avec Iris ? Comment parler à ma fille de cette nouvelle configuration sans qu'elle se sente abandonnée ? Je ne savais pas. J'étais face à des questionnements profonds et complexes. Mais c'est toujours la communication et le temps qui ont apaisé les situations.

Alors, j'ai parlé à Iris, calmement.

— Iris, ma chérie. Écoute, maintenant on vit toutes les trois ici. Toi, moi et Sophie. Ce qui veut dire que Sophie fait partie de notre famille. Elle ne te veut pas de mal tu sais. Tu peux lui répondre quand elle te dit bonjour ou qu'elle te pose des questions. C'est important pour que les journées soient belles pour tout le monde, d'accord ? C'est très important ma chérie.

— D'accord maman, m'a-t-elle simplement répondu avant de passer à autre chose.

Sophie avait bien fait de me dire ce qu'elle ressentait à ce moment-là. Je ne me rendais pas compte qu'elle était mise de côté. Je ne voulais pas l'exclure mais je ne voulais pas me fâcher avec ma fille alors qu'elle venait déjà de vivre la séparation d'avec son père. Dans la configuration d'une famille recomposée, le plus important c'est que tout le monde se sente à sa place. Que le nouveau ou la nouvelle conjoint.e soit intégré et qu'il ne se sente pas exclu. Maintenant, tout est rentré dans l'ordre. Quand nous sommes toutes les trois, nous sommes trois et pas 2+1.

Chapitre 25

Nouveau chapitre

Chapitre vingt-cinq

Nouveau chapitre

J'ai toujours tenu à ce que ma fille soit ouverte et bienveillante, qu'elle ne se formalise jamais des différences physiques, identitaires, religieuses ou de tout autre nature. Iris sait qu'il existe de nombreux modèles de famille grâce au rôle de l'école et des livres que nous lisons beaucoup… Nous n'avons jamais parlé de notre orientation de couple. Elle fera elle-même son analyse à travers son schéma de vie.

Aujourd'hui, Iris sait que Sophie est mon amoureuse et cela s'arrête là. Il n'y a pas de question, et si elle en avait, j'insisterais sur la rencontre entre deux personnes et non pas sur le genre. Elle va avoir 5 ans et nous faisons le maximum chaque jour pour qu'elle se sente heureuse. Nous apportons beaucoup d'importance à la faire voyager afin de la sensibiliser au monde et aux cultures qui nous entourent. En l'espace de deux ans, Iris a régulièrement pris l'avion et nous avons senti qu'elle aimait cela. Que ce soit en Espagne, Norvège, Pologne, Italie, Slovénie et Autriche, nous avons partagé toutes les trois des souvenirs inoubliables. Iris s'adapte facilement et à soif de découvrir les destinations à travers le hublot de l'avion.

Ce qui reste primordiale à mes yeux, c'est le respect et la bienveillance parentale entre F. et moi afin de créer une atmosphère sécurisante et apaisante. Sophie a toujours voulu être mère, que ce soit seule ou en couple, c'était un projet qu'elle souhaitait mettre en route bien avant de me connaître.

L'année est passée, nous en avons reparlé, entre temps la loi sur l'AMP venait d'être élargie en France pour les couples de femme et les femmes seules. Elle m'a demandé si je souhaitais et si je voulais me lancer dans ce projet. Bien sûr, je voulais devenir mère une seconde fois, mais je souhaitais que Sophie porte notre enfant car elle ressentait ce besoin de maternité depuis bien longtemps et j'avais déjà vécu une grossesse. C'était tout à fait normal et il n'y a eu aucun débat. Nous avons démarré le protocole au sein d'une clinique proche de chez nous. Le premier rendez-vous était avec une biologiste. Ce premier entretien était très rassurant. Le docteur nous a posé quelques questions concernant nos morphotypes, nos maladies, nos professions etc..

Nous avons enchaîné les rendez-vous avec le généticien, la psychologue, le gynécologue et la psychiatre en échelonnant tout cela sur plusieurs mois. Entre-temps Sophie a dû faire beaucoup d'examens afin de s'assurer que tout soit prêt pour l'insémination. Notre dossier est parti en commission. Il n'y en a qu'une seule par mois, c'était un peu long mais nous le savions.

En janvier 2023, le téléphone sonne. Notre dossier est validé après l'accord du généticien et de la biologiste. Il a fallu également prendre rendez-vous chez le notaire afin de signer une reconnaissance conjointe anticipée pour que je puisse être reconnue comme mère à égalité des droits et des obligations étant donné que je ne porte pas l'enfant.

Bien-sûr, je me suis interrogée sur l'absence de père. J'ai vécu le schéma traditionnel dans ma famille donc la question m'a traversé l'esprit mais je n'ai pas mis longtemps à trouver la réponse qui me conforte dans nos choix de vie. Ce qui prime avant tout, c'est un entourage aimant et sécurisant pour le bon développement d'un enfant. Notre enfant ne sera jamais seul. Il aura deux mamans, une sœur, des grands-parents, des oncles et tantes.

Nous ne connaissons rien du donneur, les seuls critères sont médicaux. La biologiste vérifie qu'il n'y a pas de gênes incompatibles, pas de maladies. La couleur de la peau, des cheveux et des yeux sont aussi pris en compte. Quand notre enfant aura l'âge de comprendre, quand il aura la maturité nécessaire sur le sujet, nous lui expliquerons comment il a été conçu, et quand il sera majeur, il pourra éventuellement connaître l'identité du donneur comme la nouvelle loi le permet.

Nous expliquerons la même chose à Iris : notre enfant aura deux mamans mais elle aura toujours sa maman et son papa. Elle sera une grande sœur formidable, nous n'avons aucun doute sur cela.

L'été des cinq ans d'Iris, nous l'avons emmenée à la piscine avec son père pour un premier essai de cours de natation. Elle était avec le maître-nageur quand F. s'est approché de moi et m'a dit sans préambule :

— Iris m'a dit qu'elle allait avoir un petit frère ou une petite sœur.

Je ne m'attendais absolument pas à ce qu'il me parle de ce projet car je ne l'avais dit à personne à part à Iris justement. Je ne lui avais pas dit parce que j'estimais que cela ne le regardait pas. Pourtant, j'étais à la fois gênée et soulagée de ne pas avoir eu à lui dire moi-même.

— Oui, on a entamé un parcours de PMA. C'est Sophie qui va porter l'enfant.

— OK, a-t-il simplement répondu.

Nous ne sommes pas rentrés dans les

détails et c'est beaucoup mieux comme cela. Le soir, j'ai raconté l'anecdote à Sophie et elle a encore une fois eu la bonne réponse : Iris avait compris qu'elle pouvait parler de cette nouvelle à son père sereinement. Elle avait accepté le fait qu'elle allait avoir un petit frère ou une petite sœur et elle était heureuse de partager cette grande joie avec son père. Surtout, elle avait compris que le bébé aurait deux mamans, mais qu'elle aurait toujours une maman et un papa. Nous lui avons expliqué qu'il y aurait un papa qui donnerait une graine à Sophie pour pouvoir avoir un bébé mais que cet enfant avait deux mamans. Si elle pose davantage de questions dans quelques temps, nous lui expliquerons avec des mots adaptés à son âge.

Je crois qu'aujourd'hui elle sait que tout est normal. Un papa, une maman. Deux mamans. Deux papas. Peu importe du moment que l'enfant est aimé et en sécurité. C'est l'essentiel. Son père m'a même dit qu'aujourd'hui il trouvait notre fille très heureuse et très équilibrée. Ce qui me rend fière c'est d'avoir su préserver notre couple parental sans se faire la guerre malgré certains propos difficiles qu'il a parfois pu tenir à mon égard.

Je n'oublie pas qu'il a eu beaucoup de peine aussi. Rompre juste avant notre mariage a été une épreuve très douloureuse évidemment pour lui. Je sais que je lui ai fait du mal. Comme pour ma mère, être responsable du malheur ou de la peine d'une personne qui compte pour nous, c'est aussi douloureux. Même si on a toujours l'impression que celui qui rompt ne souffre pas parce qu'il est acteur du choix de partir, ce n'est pas si simple que cela. Mon intention n'était pas de le faire souffrir ni de le blesser moralement parce qu'on avait quand même vécu une longue et belle histoire, on avait un enfant ensemble. Ce n'était pas rien et je ne mettais pas tout cela à la poubelle, bien au contraire.

Nous aurions pu nous déchirer, nous détester mais nous avons été plus intelligents que cela. J'imagine à quel point il a été blessé que je le quitte, mais je sais qu'aujourd'hui, nous avons retrouvé une certaine entente pour communiquer normalement à propos d'Iris. Nous voulons lui montrer que même si papa et maman ne sont plus ensemble, ils s'entendent toujours parce qu'ils l'aiment. F. a rencontré une autre femme et il est heureux avec elle.

Quand j'ai fait ce choix, je savais aussi que cela allait engendrer des douleurs et que j'en serai la seule responsable. Pourtant, je l'ai fait quand même parce qu'il arrive un temps où on ne peut plus mentir. On ne peut pas toujours tout expliquer. C'est comme ça, ça vous tombe dessus et on ne peut pas ne pas l'attraper quand il vous arrive. Ce n'est pas une question de genre, d'âge ou d'origine. C'est une question de personne.

L'amour ne se contrôle pas, il se savoure !

Remerciements

Je remercie les nombreuses personnes dont la contribution a été essentielle à la rédaction de ce livre, notamment Laurence mon éditrice, nos échanges étaient pleins d'empathie.

À mes parents, mon beau-père et ma belle-mère, j'ai pu trouver en chacun d'entre vous du soutien, une écoute, du respect et de la bienveillance.

À ma sœur Tia, j'espère de tout cœur que tu arriveras à aller de l'avant, être heureuse et moins soucieuse.

À mon frère Yoan, continue ton intros-

pection pour trouver l'équilibre dont tu as besoin pour être apaisé.

À mes deux petits frères, ne soyez pas sévère sur votre développement, prenez le temps d'écouter, d'aimer, nous sommes aussi là pour vous.

À ma compagne, Sophie, merci de m'enseigner à voir la vie du bon côté, à être plus optimiste, plus souriante, moins dure avec moi-même et les autres.

À mes amies, Amirat, Sonia, Olivia, Magalie, Clémence, Charlotte, Cécile L., Cécile M, vous m'avez apporté la joie de vivre, un équilibre personnel, un boost de confiance. Vous m'avez sou-

tenu, écouté et aidé à surmonter certaines épreuves de la vie.

À mes collègues que j'ai rencontrés à travers mes expériences professionnelles, que ce soit chez Véolia ou RPS, merci pour votre soutien, votre présence, vos rires.

Enfin, mon amour et mes remerciements à ma fille Iris aujourd'hui âgée de 5 ans. J'espère qu'elle comprendra plus tard à travers ce livre les raisons de mon changement de vie.

Printed in Great Britain
by Amazon

61405192R00228